Caesar im Senat niedergestochen!

Wendepunkte der Geschichte

Bibliografische Information der Deutschen Nationalbibliothek
Die Deutsche Nationalbibliothek verzeichnet diese Publikation in der Deutschen National-
bibliografie; detaillierte bibliografische Daten sind im Internet über http://dnb.d-nb.de
abrufbar.

Umschlaggestaltung: Stefan Schmid Design, Stuttgart, unter Verwendung einer Abbildung
von picture-alliance/AKG (Die Ermordung Caesars, Gemälde von Friedrich Heinrich Füger
(1751–1818), Wien, Historisches Museum).

© 2010 Konrad Theiss Verlag GmbH, Stuttgart
Alle Rechte vorbehalten
Lektorat: Thomas Theise, Regensburg
Korrektorat: Karin Haller, Stuttgart
Gestaltung: Stefanie Silber, www.silbergestalten.de
Satz: Satzpunkt Ewert, Bayreuth
Druck und Bindung: Beltz Druckpartner GmbH & Co. KG, Hemsbach
Kartographie: Peter Palm, Berlin

ISBN: 978-3-8062-2339-2
Besuchen Sie uns im Internet: www.theiss.de

Inhalt

+++ Der Diktator ist tot! +++

Am Tag, als Caesar ermordet wird, feiert Rom das uralte Fest der Anna Perenna. Mit Picknickkörben beladen spazieren vor allem die einfacheren Leute mit ihren Familien und Freunden frühmorgens auf der Flaminischen Straße aus der Stadt hinaus nach Norden. Dort liegt zwischen dem ersten und dem zweiten Meilenstein in der Nähe des Tiberufers ein lichtes Wäldchen, das der Göttin des stets wiederkehrenden Jahres geweiht ist. In diesem Hain lassen sich Männer und Frauen trotz des meist noch kühlen Wetters im Gras nieder.

+ + +Einige schlagen **Zelte** auf, andere bauen sich aus Zweigen eine Laubhütte, wieder andere stecken Schilfrohre in die Erde, um ihre Togen oder Mäntel darüber aufzuspannen. Clevere Händler verkaufen von ihren Fuhrwerken aus Mischkrüge mit billigem Landwein, Metzger grillen Würstchen, Bäcker bringen Brot und Kuchen unters Volk. Schnell steigt die Stimmung der Feiernden. Denn es ist Brauch, die Göttin um so viele Lebensjahre zu bitten, wie man Becher zu leeren vermag. Mancher Zecher versucht allen Ernstes, sich den greisen Nestor zum Vorbild zu nehmen, der als über Siebzigjähriger noch in den Trojanischen Krieg zog und drei Menschengenerationen kommen und gehen sah. Die Damenwelt dagegen orientiert sich an der legendären Wahrsagerin Sibylle, der ein ähnlich hohes Alter beschieden war.

Mit jedem Schluck rückt der schnöde Alltag ein Stückchen weiter in den Hintergrund. Anzügliche Witze kursieren, obszöne Liedchen erklingen, schick herausgeputzte Mädchen lösen ihre Haare, um vor ihren Freunden oder Liebhabern lasziv zu rhythmischem Kastagnetten-Geklapper zu tanzen. Bekannte und Fremde fassen sich an den Händen, hüpfen in plumpem Reigen um die Weinkrüge in ihrer Mitte. Gegröle, Gelächter, gerötete Gesichter. Die dunklen Regenwolken, die um die Mittagszeit von Westen drohend heranziehen, tun der Ausgelassenheit der Men-

ge keinen Abbruch. Ein paar Lebensjahre mehr sollten einem schon vergönnt sein! Außerdem: Wein wärmt.

Das denkt auch der Salbenhändler Agatho, der mit seiner Frau Serena, dem ehemaligen Legionär Gaius Acilius und dem Bestattungsunternehmer Nonius auf einer Wolldecke sitzt und fröstelt. »Lasst uns der Göttin noch ein paar Tropfen dieses schauderhaften massiliotischen Rebensaftes opfern«, fordert er seine Gefährten auf. »Wir sind auf ihren guten Willen angewiesen, wenn der billige Traubenverschnitt unserem Dasein nicht ein jähes Ende setzen soll!« – »Ich habe dich immer vor Munnius gewarnt!« Gaius Acilius hebt seinen Becher mit der linken Hand, die rechte hat er in einer Schlacht verloren. »Was meinst du, warum dieser Wein-Importeur nie nach Rom kommt? Ich kann es dir sagen: Er hat Angst davor, dass ihm in irgendeiner Kneipe sein eigenes gepantschtes Gesöff serviert wird.« – »Ich weiß nicht, warum ihr ständig herumnörgelt. Ich habe schon Schlechteres getrunken«, sagt Nonius. »Mit zwei Dritteln Wasser lässt er sich doch genießen. Vielleicht sollte man ihm noch etwas Honig zusetzen.« Als Agatho gerade einen Trinkspruch loswerden will, steht Serena auf, lauscht. Unruhe erfasst auch die anderen. Von der Via Flaminia her tönt lautes Geschrei. Die Tanzenden halten jäh in ihrer Bewegung inne, das Flötenspiel der Nachbarn verstummt, das Stimmengewirr in der Umgebung wird leiser. – »Der

Diktator ist tot! Sie haben ihn umgebracht!« – Immer wieder brüllt ein Mann dieselben Worte, erst kraftvoll und tönend, dann heiser und krächzend. Acilius, ein Veteran aus Caesars Armee, ist blass, Nonius glotzt ungläubig. Dann springen sie alle von der Decke hoch, roter Wein spritzt auf die weißen Tuniken. Die Menschen setzen sich in Bewegung, drängen zur Straße, sie rennen, schieben, stoßen, torkeln. Auch Agatho, dessen Beleibtheit ihn keuchen lässt, fängt an zu laufen, gefolgt von seinen Gefährten. Serena ist ihnen weit voraus. Die Neugierde verleiht den Weibern Flügel, flucht Agatho innerlich, und hastet hinterher. Auf dem Straßenpflaster kniet ein abgehetzter, verschwitzter Mann. Der Salbenhändler kennt ihn. Es ist Rufio, ein ehemaliger Sklave, von seinem Herrn, einem Bauunternehmer, wegen Geschäftsaufgabe vor einiger Zeit freigelassen. Er verdient sich seinen Lebensunterhalt jetzt in einer Ziegelei. »Sie haben ihn ermordet! Caesar ist tot!«, wiederholt er noch einmal. Die Menge umringt ihn, als wäre er ein exotisches Tier, das es ob seiner Unberechenbarkeit aus gebührendem Abstand zu bestaunen gilt. »Berichte!« – »Erzähl!« – »Was ist passiert?« Aus vielen Mündern prasseln Fragen auf ihn ein. »Er veräppelt uns!«, lallt ein älterer Herr, dessen glasige Augen signalisieren, dass er, gemessen an seiner Lebenserwartung, deutlich übers Ziel hinausgeschossen ist.

»Nein, ich spreche die Wahrheit.« Rufio richtet sich auf. »Eine Gruppe von etwa zwanzig Senatoren hat den Diktator in der Kurie hingerichtet. Ich habe seinen blutüberströmten Leichnam durch die offen stehende Pforte gesehen. Er lag, bedeckt von seiner zerfetzten Toga, direkt am Sockel der Statue seines einstigen Feindes Pompeius. Man sagt, die Attentäter hätten ihn unter dem Vorwand umringt, ein Bittgesuch übergeben zu wollen. Als er ablehnte, zogen sie ihre Dolche und stachen ihn nieder. Er soll noch gerufen haben: Das ist ja Gewalt! Als er aber sah, dass er chancenlos war, habe er sich stumm in sein Schicksal gefügt, berichten Augenzeugen. Kaum einer der anwesenden Senatoren hat ihm geholfen. Nur zwei sollen versucht haben, die Attentäter aufzuhalten. Sie wurden brutal beiseitegestoßen.« – Agatho ist außer sich: »Das feige Pack! Die meisten von ihnen verdanken Caesar Amt und Ehren. Wer waren die Mörder?« – »Gaius Cassius und Marcus Brutus sollen ihre Anführer sein«, sagt Rufio verächtlich. »Beide hat der Imperator, obgleich sie im Bürgerkrieg gegen ihn kämpften, begnadigt und gefördert. Aber die Verschwörer kommen nicht nur aus den Kreisen des Pompeius, selbst Caesarianer sind dabei.« – »Wie ist die Lage in der Stadt?« – »Im Moment herrscht Chaos!« Rufio fährt mit der Hand durch sein struppiges schwarzes Haar. »Wie Schafe, die ein Wolfsrudel gewittert haben, stürmten die Senatoren aus dem Rathaus. Ihre Panik steckte die Händler und Geldwechsler an, die ihre Marktbuden mitsamt den Waren und den Münzen angsterfüllt im Stich ließen. Die Zuschauer im nahe gelegenen Theater des Pompeius, die während einer Aufführung von dem Anschlag erfuhren, stürzten ebenso davon. Als dann noch bewaffnete Gladiatoren aufmarschierten, die offenbar von den Mördern engagiert worden waren, war das Durcheinander vollkommen. Inzwischen sind die meisten Läden und Werkstätten geschlossen, selbst Kneipen und Bordelle haben ihre Türen verrammelt. Viele Menschen sind in ihre Wohnungen und Häuser geflüchtet, sie verstecken sich auf Dachböden und in Kellern. Jeder versucht sich mit Knüppeln, Messern, Dolchen oder Schwertern auszurüsten, um im Ernstfall sich, seine Familie und sein Eigentum verteidigen zu können. Manche Straßenzüge wirken wie ausgestorben.« – »Und was ist mit den Verschwörern? Was mit Caesars Freunden?« – Rufio atmet tief durch: »Die Attentäter haben sich mit ihrem Anhang auf dem Kapitol verschanzt. Der Konsul Marcus Antonius ist wie vom Erdboden verschluckt, und Caesars Reiterführer Marcus Aemilius Lepidus ist ebenfalls weg. Man sagt, er sei zu seiner Legion geflüchtet, die auf der Tiberinsel vor der Stadt lagert. Die Leute fürchten, er werde seine Kohorten bald auf das Forum führen, um Rache zu üben.«

Serena ist erschüttert. »Was sollen wir jetzt tun, Agatho? Wäre es nicht besser, die Stadt in den nächsten Tagen zu meiden? Wir könnten zu unserem Freund Calvus nach Caere gehen. Irgendein Bauer wird uns schon auf seinem Marktkarren mitnehmen.« – »Du bist verrückt«, wehrt ihr Mann entsetzt ab. »Ich kann doch das Geschäft nicht einfach schließen. Außerdem habe ich unser ganzes Erspartes dort. Lasst uns zu unserem Platz zurückkehren, die Decken und die Weinkrüge packen und nach Hause eilen!« Agatho packt seine widerstrebende Frau am Arm und quetscht sich durch die Menge, die wie gelähmt den weiteren Erzählungen des Unglücksboten lauscht. Nonius und Gaius Acilius trotten hinterher. An ihrer lauschigen Liegestatt unter einer immergrünen Zypresse angekommen, schenkt sich Nonius noch einen kräftigen Schluck ein: »Ich habe geahnt, dass etwas Schreckliches passieren wird. Die Vorzeichen waren überdeutlich. Gestern beobachtete man, wie ein Zaunkönig mit einem Lorbeerzweig im Schnabel in das Rathaus des Pompeius flog. Er wurde von einer ganzen Schar von Vögeln aus dem nahen Park gejagt und mitten in der Versammlungshalle des Senats zerrissen. Auch munkelt man, dass die Pferde, die Caesar beim Überschreiten des Rubikon dem Flussgott geweiht hat, schon seit Tagen nichts mehr fressen. Ganz zu schweigen von der Unheil kündenden Prophezeiung, die schon vor

Monaten in Capua ans Licht kam. Dort stießen Kolonisten beim Bau ihrer Häuser auf einen riesigen Friedhof. In einem der Gräber fanden sie neben wertvollen Vasen eine Bronzetafel, in die in griechischen Buchstaben eine Warnung graviert war, die sinngemäß lautete: Wenn eines fernen Tages die Gebeine des Capys entdeckt würden, werde ein Nachkomme des Julus von der Hand seiner Blutsverwandten fallen.« Serena lauscht aufmerksam, während sie die Wolldecke zusammenrollt: »Wer, zum Herkules, ist Capys?« – Nonius seufzt: »Er ist der Gründer der Stadt Capua. Kam mit dem trojanischen Flüchtling Aeneas in grauer Vorzeit hier an. Julus, der Urahn von Caesars Familie, gilt als Sohn des Aeneas. Wenn die Gerüchte wahr sind, dass Marcus Brutus der uneheliche Sohn Caesars mit der hochwohllöblichen Servilia ist, dann schließt sich der Kreis!« »Hast du je daran gezweifelt?«, Serena stemmt ihre Hände in die Hüften. »Schon während seines ersten Konsulats hat Caesar dieser Servilia eine Perle im Wert von sechs Millionen Sesterzen geschenkt. Und vor kurzem ließ er ihr etliche konfiszierte Güter seiner Bürgerkriegsgegner bei Auktionen billig zuschlagen. Im Gegenzug soll sie ihm ihre eigene Tochter Tertia verkuppelt haben. Selbst Cicero spottet öffentlich darüber. Ich bin sicher, dass Brutus sein Balg ist.« – Nonius verdreht die Augen. Er kennt Serena, wenn sie sich in Rage redet, ist alles zu spät. So versucht er

nur kurz zu beschwichtigen: »Große Männer, große Leidenschaften.« Das war das falsche Stichwort. – »Große Männer, große Wüstlinge«, kontert Serena. »Jeder in Rom weiß doch, dass Caesar ein Sklave seines Triebes ist ... äh war. Er verführte Postumia, die Gattin des Servius Sulpicius, dann Lollia, die Frau des Aulus Gabinius, im Anschluss Tertulla, die Gattin des Marcus Crassus, und machte nicht einmal vor Mucia halt, der Gemahlin des Gnaeus Pompeius. Was er aber seiner eigenen Frau Calpurnia zumutete, spottet jeder Beschreibung. Er lud diese ägyptische Dirne Kleopatra nach Rom ein, wies ihr seine eigene Villa in den Gärten am Tiber zu und verbrachte dort so manches Schäferstündchen, um sich dann nachts, noch erhitzt vom Liebesspiel, wieder heimzuschleichen und sich in die durchgeweinten Kissen seiner Angetrauten zu legen. Was für ein glänzendes Beispiel für unsere Jugend! Was für ein Ausbund an Rechtschaffenheit und Moral!«

Acilius hat bisher schweigend an seinem Weinbecher genippt. Nun hebt er seinen rechten Arm mit dem grässlich vernarbten Stumpf. »Das«, sagt er leise, »habe ich Caesar zu verdanken. Trotzdem trauere ich um ihn. Er war ein hervorragender Kommandeur, ein stets nachsichtiger Kamerad und ein tapferer Soldat. Er hat nichts von uns verlangt, was er nicht selbst zu leisten bereit war. Er forderte zwar äußerste

Disziplin im Angesicht des Feindes, ließ uns mit Vorliebe an Feiertagen zu Übungen ausrücken, aber er nahm weder alle Vergehen seiner Legionäre zur Kenntnis, noch bestrafte er sie ihrer Schwere entsprechend. Im Gegenteil, meist drückte er ein Auge zu, wenn es nicht gerade um Meuterei oder Desertion ging. In den Schlachten stand er oft mit in vorderster Reihe, hielt Fliehende auf oder trug selbst das Feldzeichen. Er machte uns Mut, wenn wir ängstlich waren, und gewährte uns alle Vergnügungen, wenn wir in einem Scharmützel den Sieg davongetragen hatten. Seine Legionäre, so sagte er einmal, könnten auch gut kämpfen, wenn sie parfümiert seien. Wir dankten ihm seine Großzügigkeit, indem wir ergeben für seine Sache fochten. Als er den Bürgerkrieg begann, steuerten die Offiziere jeder Legion aus ihrem Ersparten die Ausrüstung für je einen Reiter bei, und alle einfachen Mannschaftsdienstgrade anerboten sich, ohne Sold für ihn loszumarschieren. Mag sein, dass wir unser Leben und unsere Gesundheit dem Ehrgeiz eines machtgierigen Räuberhauptmanns opferten, wie seine Gegner behaupten, aber er war es uns wert.«

»Du magst ja, von deiner Warte aus gesehen, recht haben«, stimmt ihm Nonius zu. »Eine freie Republik jedoch kann keinen König dulden.« – »Was heißt hier frei«, entgegnet Acilius hämisch. »Die Freiheit, von der du sprichst, war immer nur die Freiheit der adligen Familien. Die Bettler unter den Tiberbrücken oder die Tagelöhner, die Handwerker und Bauern, kurz: der größte Teil der Bevölkerung kann damit nicht gemeint sein.« – »Beim Herkules. Lasst jetzt eure Debatten und packt die Körbe und Mischkrüge«, faucht Agatho. »Wir sollten schleunigst in die Stadt, bevor die Flüchtenden mit Reisewagen, Handkarren und Sänften die Straßen verstopfen und bevor mein Laden von irgendwelchem Gesindel geplündert wird.« – »Stimmt«, ruft Nonius. »Auch ich muss mich jetzt ums Geschäft kümmern. Caesars Leichenbegängnis wird eine prächtige und teure Angelegenheit. Ich werde mich um seine Ausrichtung bewerben. Calpurnia und ihr Vater, der alte Piso, erhalten von mir noch heute ein schriftliches Angebot.« – »Da könntest du dich doch einklinken, Agatho.« Serena wittert einen Gewinn bringenden Handel. »Nonius braucht sicher Salben, ätherische Öle, Parfüm und Schminke, um den glatzköpfigen Lebemann für seinen letzten Auftritt herzurichten.« – Gaius Acilius packt kopfschüttelnd einen der Körbe. »Es wird Krieg geben«, murmelt er. Nicht jeder Becher Wein, der heute geleert wurde, garantiert ein volles Lebensjahr. Manchem der Feiernden mag vielleicht nur noch eine Galgenfrist beschieden sein. Die Götter täuschen diejenigen, die sie zu verderben gedenken. Auch Anna Perenna ist da keine Ausnahme.

+++ Rom in der Krise +++

Caesars Wirken fällt in eine Zeit, in der die Römische Republik in einer tiefen Krise steckte. Ein beispielloser Siegeszug hatte sie zur Herrin der gesamten Mittelmeerwelt aufsteigen lassen. Doch das Personal, das für Kontrolle und Verwaltung der eroberten Gebiete zur Verfügung stand, entsprach noch immer dem eines mittleren Stadtstaates. Die Fülle der Aufgaben überforderte die Leistungsfähigkeit sowohl der regierenden Aristokraten als auch der meist aus Bauern rekrutierten Armee. Wirtschaftliche und soziale Probleme folgten der Expansion auf dem Fuße. Hinzu kam, dass die Feldherren, die Roms Ruhm und Reichtum in fremden Ländern mehrten, eine gewisse Exklusivität gegenüber ihren Standesgenossen für sich beanspruchten. Der Konsens innerhalb des Senats zerbrach.

Senat und Reich

Als der Julier zur Welt kam, blickte die Republik bereits auf eine lange Erfolgsgeschichte zurück. Im Zuge ihrer Auseinandersetzung mit Karthago hatten die Römer erst Sizilien, dann Sardinien und Korsika, die Gallia Cisalpina (Oberitalien) und Spanien besetzt. Es folgten in kurzen Abständen Makedonien/Epirus, Achaia/Griechenland, Afrika/Numidien, Kleinasien und die Gallia Narbonensis (Südfrankreich). Während Caesar seine politische und militärische Karriere vorantrieb, verloren auch noch Kilikien, Kreta und Kyrene, Pontus und Bithynien, Syrien/Judäa und Zypern ihre Selbstständigkeit. Jährlich wechselnde Statthalter aus der fernen Zentrale am Tiber sorgten für Recht und Ordnung – freilich nur in dem Maße, wie es ihren eigenen Interessen und den Erfordernissen des Staates entsprach. Das Personal, mit dem Rom die sich potenzierenden Anforderungen in seinem Herrschaftsraum zu bewältigen suchte, war erstaunlich klein. Dreihundert Senatoren und dreißig ausführende Magistrate standen zur Verfügung, um das politische Arbeitspensum abzudecken. Selbst als Sulla zu Beginn des 1. Jahrhunderts v. Chr. die Mitgliederzahl des Senats auf sechshundert und die der Exekutivbeamten auf 44 anhob, änderte dies kaum etwas. Die Aufgaben, denen sich die Senatoren gegenübersahen, wurden immer vielfältiger. Aus ihren Reihen kamen Einzelrichter, Geschworene von Sondertribunalen und die Beiräte der obersten Justizbeamten (Praetoren). Senatoren gehörten den verschiedensten Priesterkollegien an und dienten im Offizierskorps der Feldherren. Wurden Friedensverträge oder Provinzialordnungen erlassen, reisten sie als Legaten mit dem beauftragten Magistrat ins Ausland. Außerdem waren sie häufig in diplomatischer Mission unterwegs. Auch Provinzgouverneure griffen in aller Regel auf befreundete Standesgenossen zurück, wenn sie ihren Stab zusammenstellten. Immer weniger Angehörige des Senats konnten sich deshalb unmittelbar an der Willensbildung des Gremiums beteiligen.

Als weiteres Manko entpuppte sich der Umstand, dass der Staat keine eigene Finanzverwaltung aufgebaut hatte. Da der Senatsaristokratie seit dem Jahr 218 Handels- und Geldgeschäfte

gesetzlich verboten waren, entwickelte sich parallel zum Amts-
adel (Nobilität) eine Unternehmerschicht, die ihren Reichtum
rein wirtschaftlichen Aktivitäten verdankte. Die sogenannten Ritter (*equites*), die ihren Wehrdienst zu Pferde ableisteten, verzichteten überwiegend auf eine politische Karriere, schlossen sich zu
großen Gesellschaften zusammen und konzentrierten sich auf
ihre Tätigkeiten als Bankiers, Steuereintreiber, Baulöwen, Fabri-
kanten oder Heereslieferanten. Der Warenverkehr zu Wasser und
zu Lande lag in ihrer Hand. Das Gewinnstreben dieser Neureichen
und die pekuniären Interessen der senatorischen Statthalter prall-
ten gerade in den Provinzen unmittelbar aufeinander. So sahen
sich die Unterworfenen nicht selten doppelt ausgebeutet. Dass
diese Konkurrenz auch innenpolitischen Zündstoff barg, zeigt die
Entscheidung des Volkstribunen Gaius Gracchus (123/122), die
Geschworenengerichte, die Anklagen gegen erpresserische Gou-
verneure wegen Amtsmissbrauchs verhandelten, ausschließlich
mit Rittern zu besetzen. Hatten die patrizischen und plebejischen
Familien zuvor mit den zu Wohlstand gelangten Emporkömmlin-
gen Hand in Hand gearbeitet, wurde der Konflikt zwischen den
Ständen nun gleichsam institutionalisiert. Die führenden Schichten standen sich unversöhnlich gegenüber.

Der Reichtum, der gerade aus dem Osten nach Rom floss, zei-
tigte noch andere, unerwartete Konsequenzen. Immer kostspieli-
ger wurde der Kampf um Ämter und Ehren in der Republik; der
Aufwand, den die Nobiles zur öffentlichen Selbstdarstellung trieben, erreichte schwindelerregende Höhen. Auf dem Jahrmarkt
der Eitelkeiten drehte sich das Karussell schneller und schneller.
Schon in den Wahlkämpfen setzten die Wohlhabenden einen
großen Teil ihres Vermögens ein, um ganze Stadtbezirke zu bestechen. So kam ein verhängnisvoller Wettlauf in Gang, der die
Oberschicht spaltete in weniger begüterte Hinterbänkler, die
kaum zu Wort kamen, und superreiche Konsulare, deren Votum
die Richtlinien bestimmte. Nicht viel mehr als zwei Dutzend Geschlechter beherrschten die Republik. Im zweiten Jahrhundert
kamen 83 Konsuln aus nur acht Familien. Sie mussten – sofern sie
ihre finanziellen Verluste wieder wettmachen wollten – nach ih-

rem städtischen Amtsjahr entweder irgendeine Provinz ausplündern oder einen beuteträchtigen Krieg vom Zaun brechen.

Das wachsende Arbeitspensum, die zermürbenden Händel mit den Rittern und die explodierenden finanziellen Aufwendungen lähmten den Senat allerdings weniger als seine Spaltung in Optimaten und Populare. In diesen Gruppierungen so etwas wie Parteien im modernen Sinne sehen zu wollen, die unterschiedlichen Programmen folgten, wäre allerdings verfehlt. Denn ihre Mitglieder gehörten alle der Aristokratie an, die keinen Zweifel daran ließen, dass sie die Monopolstellung des Amtsadels jederzeit gemeinsam verteidigen würden. Unterschiedlich waren allenfalls die Methoden, mit denen sie um Macht und Ansehen rangen. Während die Optimaten verbissen die Autorität des Senats verteidigten, der die altüberlieferte Staatsordnung verkörperte, stützten sich die Popularen auf Volksversammlungen, um Senatsbeschlüsse auszuhebeln und ihren Willen durchzusetzen. Wenn Letztere dabei hin und wieder Verbesserungen auf dem Gebiet der Miet- und Schuldenpolitik oder der Agrar- und Getreidegesetzgebung versprachen, verfolgten sie meist nur das Ziel, die stadtrömischen Massen zu ködern. Gerade im letzten vorchristlichen Jahrhundert kam es bei Gesetzesabstimmungen und Wahlen häufig zu schwerwiegenden Rechtsverstößen. Aus Wortgefechten wurden Pöbeleien, aus Handgreiflichkeiten brutale Schlägereien. Am Ende dieser Entwicklung standen regelrechte Straßenschlachten. Optimaten wie Populare hetzten Knüppelgarden aufeinander, Andersdenkende wurden durch Drohungen eingeschüchtert. Terror und politischer Mord prägten bald den Alltag.

Bauern und Heer

Das Verbot offener Handels- und Geldtransaktionen schränkte den ökonomischen Spielraum der Senatoren ein. Zwar konnten sie Insidergeschäfte tätigen oder sich über Strohmänner an den ritterlichen Pachtgesellschaften beteiligen, doch ihre Haupteinnahmequelle lag im Besitz von Grund und Boden. So gingen sie daran, ihre Güter zu vergrößern. Sie stellten die landwirtschaftliche Produktion auf Oliven-, Obst- und Weinanbau um, der hohe Renditen versprach. Und sie beschäftigten immer mehr Sklaven, die durch die Feldzüge nach Italien gespült worden waren. Darüber hinaus okkupierten die Gutsherren große Teile des freien Staatslandes (*ager publicus*), um dort ihr Vieh weiden zu lassen. Die Agrarstruktur Italiens änderte sich dadurch einschneidend. Hatten bis ins 2. Jahrhundert hinein noch winzige Familienbetriebe dominiert, entwickelte sich jetzt ein harter Verdrängungswettbewerb, dem die Kleinbauern nicht gewachsen waren. Was sie mit ihrer Hände Arbeit schufen, konnte mit den Billigangeboten auf dem Markt nicht konkurrieren. Kamen dann noch witterungsbedingte Missernten hinzu, mussten die gebeutelten Landwirte Kredite zu Wucherzinsen aufnehmen, um neues Saatgut kaufen zu können. Die Schuldenfalle schnappte zu. Am Ende stand nicht selten der Verkauf ihres Eigentums an reichere Nachbarn. Bettelarm zogen die gescheiterten Existenzen nach Rom, wo sie als Tagelöhner ihr Leben fristeten. Dort verstärkten sie das städtische Proletariat, das zu einem latenten Unruheherd wurde.

Doch nicht nur die Habgier der Großgrundbesitzer trug zum Elend des Bauernstandes bei. Die ländliche Bevölkerung stellte auch das Gros der Soldaten in den Legionen. Weil die Kriege Roms in immer entfernteren Weltgegenden ausgefochten wurden und die militärischen Kampagnen auch immer länger dauerten, fehlten die Männer auf den Gehöften oft für sechs Jahre. Das Milizsystem, konzipiert für kurze Waffengänge in den Sommermonaten zwischen Aussaat und Ernte, konnte solchen Anforderungen nicht genügen. Allein der Guerillakrieg, der sich im 2. Jahrhundert in Spanien entwickelte, band jedes Jahr vier Legionen. Auch im keltisch-ligurischen Oberitalien mussten in dieser Zeit zwischen vier und sechs Legionen – jede vier- bis fünftausend Mann stark – stationiert werden. Hier wie dort gab es bei den feindlichen Stämmen keine große Beute zu holen. Der Sold fiel außerdem zu schmal aus, um die Daheimgebliebenen über Wasser halten zu können. Das alte Rekrutierungsverfahren brach zusammen. Im Jahr 151 kam es zu ersten Wehrdienst- und Befehlsverweigerungen, die Fahnenflucht nahm zu. Der Senat reagierte darauf,

Die römische Expansion vor 121 v. Chr.

Atlantischer Ozean

Gallier

Raeter

Alpen

Taurisk

Rhein

Donau

Loire

Mediolanum

Aquileia

Rhône

Genua

Luna
Pisae

Bononia

Salona

Narbo
Martius

Massilia

Ancona

Perusia

A d

Numantia

HISPANIEN

Tajo

Emporiae

Tarragona

Korsika

Roma

ITALIEN

Neapolis

Ebro

Saguntum

Sardinien

Lusitaner

Balearen

Hispalis

Mittelmeer

Mess

Gades

Malaca

Nova Carthago

Hippo
Regius

Utica

Panormus

Sizilier

Syracusae

NUMIDIEN

Cirta

Carthago

Thapsus

Malta

MAURETANIEN

Capsa

- Rom und die italische Wehrgemeinschaft seit 268
- Erwerbungen Roms bis 201
- Erwerbungen Roms bis 121
- Staaten unter römischem Einfluss

Schwarzes Meer

Daker

Geten

Skordisker

Donau

Illyrer

Thraker

Sinope

Trapezuntum

PONTUS ARMENIEN

Heraclea

BITHYNIEN

Byzantion

Nicomedia

Tigranocerta

Tigris

Nisibis

Lissus

Thessalonice

GALATIEN

KAPADOKIEN

Samosata

Edessa

Dyrrhachium

Pydna

Pergamum

PHRYGIEN

Iconium

Tarsus

SELEUKIDEN-

REICH

Taurus

arentum

Smyrna

Magnesia

Euböa

Ephesus

Croton

Corinthus

Athenae

Miletus

Kibyra

Side

PISIDIEN

Antiochia

Dura

Palmyra

Sparta

Zypern

Damascus

Kreta

Sidon

Hierosolyma

HASMONÄER-
STAAT

Nilus

Rotes
Meer

0   100   200   300 km

Res publica – die staatliche Ordnung Roms

Eine Art Grundgesetz, das die Rechte und Pflichten der Bürger sowie die Kompetenzen und das Zusammenspiel der Institutionen verbindlich regelte, hatten die Römer nicht. Das Regierungssystem, das sich durch »Versuch und Irrtum« herausgebildet hatte, wurde nur in Problemfällen punktuell durch Gesetzgebungen präzisiert und aktuellen Entwicklungen angepasst. Der griechische Historiograf Polybios führte Roms außenpolitische Erfolge um die Mitte des 2. Jahrhunderts auf eine Mischverfassung zurück, in der sich monarchische, aristokratische und demokratische Elemente die Waage hielten. Die Magistratur, der Senat und die Volksversammlungen bildeten denn auch die drei Säulen, auf denen die Republik ruhte.

Die *Staatsbeamten* verkörperten die Exekutive, in ihnen sammelte sich die Macht des römischen Volkes – jedermann hatte ihnen Respekt zu zollen. Da alle Ämter unbesoldet waren, blieb der politische Aufstieg Mitgliedern reicher Familien vorbehalten. Obwohl die Inhaber der hohen Stellen – vor allem die Konsuln – de jure über monarchische Macht verfügten, waren sie in ein ausgeklügeltes, engmaschiges Kontrollnetz eingebunden. Jede Magistratur wurde nur für ein Jahr vergeben (Annuität); wer grob gegen die Dienstpflichten verstieß, musste danach mit einer Anklage rechnen. Darüber hinaus war jeder Regierungsposten mit mindestens einem zweiten, gleichberechtigten Mann besetzt – Prinzip der Kollegialität –, der die Beschlüsse seines Partners zu Fall bringen konnte.

Rein juristisch gesehen sind die Aufgaben des *Senats* nie eindeutig definiert worden. Er stand als beratendes Gremium den amtierenden Magistraten zur Seite. Doch als Versammlung aller ehemaligen Beamten, denen höchste Autorität zukam, bildete er die Mitte des Staates. Die Beschlüsse seiner Mitglieder – ursprünglich drei-, seit Sulla sechs-, von Caesar kurzfristig auf neunhundert aufgestockt – waren mehr als bloß unverbindliche Empfehlungen. Kein Beamter konnte es sich leisten, die Weisungen dieses Gremiums in den Wind zu schlagen, war hier doch die politische Erfahrung von Generationen gebündelt. Der Senat unterstützte die Beamten, diskutierte Gesetzesvorlagen, empfing Botschafter ferner Länder, ernannte römische Gesandtschaften, entschied über Krieg und Frieden, über Bündnisverträge sowie die Bestallung von Feldherren. Zudem verlängerte er die Amtszeiten der Promagistrate in den Provinzen, überwachte den Etat, legte mit den Konsuln die Wahltermine fest und rief in Konfliktfällen den Staatsnotstand aus (*senatus consultum ultimum*).

Das letzte Wort hatte das *Volk*, das sich in fünf verschiedenen Gliederungen versammelte: In den Zenturiatskomitien (*comitia centuriata*), die nach Steuerklassen in 193 Abstimmungskörper eingeteilt waren; sie entschieden über Krieg und Frieden, über Gesetze und Kapitalanklagen gegen römische Bürger; zudem wählten sie die Konsuln, Praetoren und Zensoren.

In den Tributkomitien (*comitia tributa*), wo das Volk gegliedert nach 31 ländlichen und vier städtischen Wahlbezirken zusammentrat; auch in ihnen wurden Gesetze nach Magistratsvorlage verabschiedet; zudem wählte man Quaestoren und kurulische Aedilen. Die Kuriatskomitien, nach Personalverbänden in dreißig Einheiten gegliedert, hatten gegen Ende der Republik kaum noch Bedeutung; sie bestätigten das Imperium der Oberbeamten und waren für Testamente sowie Adoptionen zuständig. Zum *concilium plebis*, das von den Volkstribunen einberufen und geleitet wurde, waren nur Plebejer zugelassen; nach 218 v. Chr. wurden in diesem Gremium die meisten Gesetze erlassen (Plebiszite); hier wurden die Volkstribune und die plebejischen Aedilen gewählt. Die *contio* dagegen war eine ungegliederte Volksversammlung auf dem Forum, in der die Magistrate über Gesetzesanträge, Wahlvorschläge oder Strafanträge informierten; es gab keine Abstimmung, jedoch freies Rederecht.

indem er entlassenen Soldaten, die ihre Pflicht erfüllt hatten, kleine Ackerparzellen in Aussicht stellte. Diese Art der Rentenversorgung konnte aber nur so lange funktionieren, wie freies Land im Süden und Norden des italienischen Stiefels zur Verfügung stand. Ohne es zu wollen, hatten die Aristokraten damit ein Konfliktfeld eröffnet, das noch zu Caesars Zeiten für innenpolitischen Zündstoff sorgte.

Feldherren und Staat

Die militärischen Aktionen Roms im gesamten Mittelmeerraum brachten auch einen neuen Feldherrn-Typus hervor. Versehen mit langjähriger Kommandogewalt (*imperium*) operierten sie im Feindesland oder im eroberten Gebiet relativ autonom. Sie waren oft gezwungen, ihre Entscheidungen über Krieg und Frieden oder über Vertragsabschlüsse ohne Rücksprache mit dem Senat zu treffen. Mit Königen und Fürsten fremder Staaten und Völker verhandelten sie auf gleicher Augenhöhe. An die Prinzipen von Befehl und Gehorsam gewöhnt, fiel es den erfolgreichen Generälen nicht leicht, sich nach ihrer Rückkehr in die Hauptstadt der geforderten Standessolidarität zu fügen und wieder einer unter Gleichen zu sein. Zudem trugen sie eine besondere Verantwortung ihren Soldaten gegenüber. Seit Gaius Marius am Ende des 2. Jahrhunderts v. Chr. die Rekrutierungsbasis für die Armee erweitert hatte, indem er auch Besitzlose ausrüsten ließ, wurden die Kommandeure zu Schutzherren (*patronus*) der Legionäre. Die einfachen Soldaten erwarteten von ihnen nach dem Ende ihrer Dienstzeit eine angemessene Versorgung. Dieses neue Gefolgschaftsverhältnis – die sogenannte Heeresklientel – verschaffte den Feldherren eine Macht, die das Gleichgewicht der Kräfte aufzuheben drohte. Denn die Truppen fühlten sich weniger Senat und Volk verpflichtet als vielmehr ihrem Vorgesetzten. Er verkörperte die Autorität, die ihre Interessen durchzusetzen vermochte. Wer sollte die Generäle daran hindern, ihre Legionen weiter unter Waffen zu halten, um in Rom entsprechenden Druck auszuüben? Marius und Cinna

marschierten mit ihren Kohorten in die Hauptstadt, Sulla tat dies
gleich zweimal – und später folgte Caesar ihrem Beispiel. Am
Ende seines Lebens konstatierte Cicero ernüchtert, mit dem Heer
des römischen Volkes werde dessen Freiheit unterdrückt. Und an
den Caesarmörder Brutus schrieb er bitter: »Wir sind ein Spielball
bald der Launen der Soldaten, bald der Zumutungen der Feldherren.« (Cic. Ad M. Brut. 1, 10, 3).

Caesar und die Republik

Caesars Gestalt steht an einem Scheideweg der römischen Geschichte – am Übergang von der Republik zur Monarchie. Die
Handlungsoptionen, die ihm der dahinsiechende Staat bot, nutzte
er skrupellos. Nicht immer handelte er dabei aus freien Stücken,
äußere Umstände und Sachzwänge bestimmten auch seinen Weg.
Doch er verkörperte das Leistungsideal der Aristokratie, die in
Krieg und Eroberung ihre Erfüllung fand, wie kein anderer vor
und nach ihm. Immer der Erste zu sein und nie anderen unterlegen, das war die Krieger-Maxime, der er folgte. So richtete sich
sein ganzes Streben darauf, den Feldherren Pompeius Magnus –
Vorbild und Rivale gleichermaßen – an Ansehen, Ruhm, Würde
und Reichtum zu überflügeln. Die Republik war ihm dabei nicht
mehr als eine Kulisse, die man nach Bedarf den einzelnen Akten
des Dramas anpassen konnte. Der Faden der Tradition, der seine
Ära mit der Vergangenheit verband, war längst gerissen. Caesar
blieb bei allen seinen Aktionen stets er selbst, ein kühl kalkulie-
render Spieler, der auf sein Glück, seine Übersicht, sein taktisches
Geschick und sein psychologisches Gespür setzte, wohl wissend,
dass Zufälle auch die schönsten Pläne vereiteln können. Nicht
umsonst zögerte er einen kurzen Moment, als er den Rubikon
überschritt. Das Wagnis erschien ihm ein paar Lidschläge lang als
zu groß, um es auf sich zu nehmen. Im nächsten Augenblick aber
warf er sämtliche Bedenken über Bord: Seine Ehre war ihm wichtiger als sein Leben und das Leid, das ein Bürgerkrieg verursa-
chen würde.

Cursus honorum – die Ämterlauf-bahn in der Republik

Wer in Rom eine politische Karriere anstrebte, musste sich in aller Regel an die gesetzlich festgelegte Ämterhierarchie halten. Wie auf einer Leiter stieg der Kandidat Sprosse für Sprosse empor. Nach dem Studium von Rhetorik, Recht und Religion wurden die jungen Adligen jedoch erst einmal zum Wehrdienst verpflichtet, den sie als Militärtribune im Stab eines Statthalters oder eines kriegführenden Magistrats ableisteten.

Im Anschluss daran durften sie sich, sofern sie das Alter von 31 Jahren erreicht hatten, um die *Quaestur* bewerben. Seit 267 v. Chr. wurden alljährlich acht dieser Beamten gewählt, die sich im weitesten Sinn mit allen Fragen der Finanzverwaltung beschäftigten. Zwei von ihnen überwachten als städtische Quaestoren (*quaestores urbani*) sämtliche Ein- und Auszahlungen der Staatskasse (*aerarium*), trieben Schulden von Privatleuten ein und verwahrten in einem Zentralarchiv die Gesetze, Senatsbeschlüsse, Abstimmungsprotokolle sowie die Richterlisten. Die übrigen sechs gingen mit den Statthaltern in die Provinzen, um dort die Stabsgelder und den Sold für die Truppen zu kontrollieren.

Die nächste Stufe auf dem Weg nach oben stellte die *Aedilität* dar. Sie war zwar nicht zwingend vorgeschrieben, um die Praetur zu erreichen, bot aber ehrgeizigen und entsprechend wohlhabenden Bewerbern die beste Möglichkeit, sich beim Volk beliebt zu machen. Denn die zwei plebejischen Aedilen (*aediles plebis*) und ihre beiden patrizischen Amtskollegen (*aediles curules*) zeichneten für Organisation und Beaufsichtigung der Spiele verantwortlich. Darüber hinaus oblag ihnen die Marktaufsicht, die Kontrolle der Maße und Gewichte, die Wasser- und die Lebensmittelversorgung sowie die Gestaltung der Getreidepreise. Sie überwachten die Badeanstalten und Bordelle und kümmerten sich um die ordnungsgemäße Durchführung von Begräbnissen. Wer dieses Amt ausüben wollte, musste mindestens 37 Jahre alt sein.

Mit vierzig Jahren konnte man sich dann um die *Praetur* bewerben. Wie die

Konsuln besaßen diese Magistrate umfassende Vollmachten zu Hause (*domi*) und im Feld (*militiae*), das heißt, sie waren mit *potestas* und *imperium* – ziviler und militärischer Gewalt – ausgestattet. Zudem hatten sie das Recht, den Senat und Volksversammlungen einzuberufen. Seit 367 v. Chr. waren sie für die Rechtsprechung in Zivil- wie in Strafsachen zuständig. Vor den sullanischen Reformen wurden jedes Jahr sechs Praetoren gewählt. Zwei von ihnen blieben zum Zwecke der Jurisdiktion in der Stadt, vier amtierten als Provinzstatthalter. Sulla erhöhte die Zahl der Praetoren auf acht, die alle in Rom bleiben mussten. Erst im Anschluss an das städtische Amtsjahr wurden die gewesenen Praetoren wie die Konsuln als Propraetoren und Prokonsuln in die Provinzen abgeordnet.

Zum *Konsul* konnte man sich im Alter von 43 Jahren wählen lassen. Doppelt besetzt, spiegelte sich im Konsulat die »Königsgewalt« der Frühzeit wider. Als oberste Exekutivbeamte des Staates konnten die beiden Konsuln jede Verfügung der ihnen untergeordneten Magistrate annullieren. Sie hatten im Kriegsfall den Oberbefehl über das Heer. Ihre Polizeigewalt im zivilen Bereich war nur dadurch eingeschränkt, dass römischen Bürgern im Falle körperlicher Züchtigung oder eines Todesurteils eine Berufungsverhandlung vor dem Volk zustand (*provocatio ad populum*). Die Konsuln hatten das Recht, den Senat einzuberufen, die Sitzung zu leiten, Gesetzesvorschläge einzubringen, Beschlüsse zu erwirken, Gesandte vorzustellen, Berichte zur »Lage der Nation« abzugeben oder gar den Staatsnotstand (*senatus consultum ultimum*) zu beantragen. Beide Amtsinhaber konnten, da sie gleichgestellt waren, gegen die Entscheidung des jeweils anderen Einspruch erheben (*intercessio*) und waren deshalb gewöhnlich zu Kompromissen gezwungen. Die Insignien ihrer Macht waren die purpurgesäumte Toga (*toga praetexta*), der elfenbeinerne Klappstuhl (*sella curulis*) und zwölf Liktoren, die ihnen als Zeichen ihrer Amtsgewalt Rutenbündel voraustrugen.

Um die Jahreswende 45/44 regierte Caesar für fünf Monate in Rom. Mit Milde, Großzügigkeit und Liebenswürdigkeit versuchte er die alten Eliten zu gewinnen, ohne seine Anhänger zu verprellen. Allein, der Spagat misslang. Die Optimaten, die – sofern sie den Bürgerkrieg überlebt hatten – von ihm die Wiederaufrichtung der freien Adelsrepublik erwarteten, sahen sich ebenso getäuscht wie seine Parteigänger, die vom großen Kuchen ein entsprechendes Stück abhaben wollten. So bildete sich in kürzester Zeit eine Opposition, die aus Mitgliedern beider Gruppierungen bestand. Als die Verschwörer an den Iden des März 44 zur Tat schritten, waren sie tatsächlich von der Überzeugung getragen, mit dem Tyrannen auch die Tyrannei zu beseitigen. Schon wenige Stunden nach dem Mord wurde offenbar, dass ihre Hoffnung getrogen hatte. Der Staat in seiner alten Form ließ sich nicht einfach mit 23 Messerstichen reanimieren. Jene Politiker, die einst das Gemeinwesen regiert und repräsentiert hatten, waren auf den Schlachtfeldern verblutet, hatten entweder wie Cato den Freitod gewählt oder fristeten ihr Dasein im Exil. Zwar strengte sich der Senat unter dem Einfluss Ciceros an, nach Caesars Tod das Heft des Handelns wieder in die Hand zu bekommen, doch seine Bemühungen mündeten nur in einen neuen Bürgerkrieg. Knapp fünfzehn Jahre später war der Kampf entschieden. Die Überlebenden beugten sich ihrem Schicksal. Es wurde ihnen leicht gemacht. Der Sieger Octavian streifte ein republikanisches Gewand über, um sein monarchisches Selbstverständnis zu verschleiern. Die Republik aber, die er nach eigenem Bekunden wiederherstellte (*res publica restituta*), war eine andere als die, deren Verlust Cicero beklagt hatte (*res publica amissa*). Caesars unrühmliches Ende dokumentiert sein Scheitern und birgt zugleich den Keim eines Neuanfangs. Selbst wenn die Zeitgenossen die Tiefe dieses Einschnitts nicht sofort zu erkennen vermochten, markiert das Attentat aus der Rückschau doch einen Wendepunkt der römischen Geschichte.

+++ Stationen einer Karriere +++

Caesar und das Glück: Schon in der Antike galten die beiden als beinahe unzertrennliches Paar. Ob im Frieden oder im Krieg – stets schien Fortuna ihre schützende Hand über ihn zu halten. Selbst in brenzligen Situationen war sie ihm gewogen. Doch allein auf die blinde Schicksalsgöttin verließ sich der spätere Diktator nie. Seine rasche Auffassungsgabe, sein persönlicher Wagemut und eine gehörige Portion Skrupellosigkeit halfen auf dem Weg nach oben. Im Senat setzte er auf seine Redegewandtheit, in den Salons der vornehmen Damen auf seinen Charme. Doch seine steile politische Karriere war alles andere als vorhersehbar – er verdankte sie größtenteils der Gunst des Augenblicks. Zufall und Notwendigkeit hielten sich dabei die Waage.

Geboren in der Subura

Wir schreiben das Jahr 100 v. Chr. – am 13. Tag des Monats Quintilis, der später Juli heißen wird, erblickt Caesar das Licht der Welt. Die Familie der Julier gehörte dem patrizischen Uradel an, genoss jedoch politisch kein allzu großes Ansehen. Zwar bekleidete der Vater des kleinen Gaius im Jahr 92 mit der Praetur das zweithöchste Staatsamt und verwaltete anschließend als Statthalter die Provinz Asia, aber einen Konsul gab es nicht unter seinen unmittelbaren Vorfahren. Allein der konsularische Rang berechtigte aber dazu, sich zum engeren Zirkel der Nobilität zu zählen – zu jenen zwanzig bis dreißig Senatoren, die innen- wie außenpolitisch das Sagen hatten. Die Liste der republikanischen Oberbeamten Roms weist in den beiden Jahrhunderten vor Caesars Geburt nur zwei Julier aus: einen im Jahre 267, den anderen 157. Und Letzterer hatte vermutlich nichts mit dem Zweig der Sippe zu tun, dem Caesar entspross. Selbst der Geburtsort des späteren Diktators spiegelt die Bedeutungslosigkeit seiner Familie wider: Er wuchs in der Subura auf, einem dicht bevölkerten Wohnviertel nordöstlich des Forums, in dem Handwerker, Händler, Tagelöhner, Gastwirte und Freudenmädchen, kurz: die kleinen Leute, auf engstem Raum in meist mehrstöckigen Mietskasernen hausten. Die Gassen waren schmal und ungepflastert, lärmerfüllt und voller Unrat. Obschon seine Eltern ein bescheidenes Eigenheim mit Innenhof besaßen und über ausreichend Dienstpersonal verfügten, empfanden sie diese Umgebung sicherlich als Plage.

Bei so wenig Glanz war es unabdingbar, den eigenen Stammbaum etwas aufzupolieren. In aller Bescheidenheit führten die Julier deshalb ihr Geschlecht (*gens*) auf Könige und Götter zurück. Anlässlich der Leichenrede für seine verstorbene Tante Julia im Jahr 69 v. Chr. verkündete Caesar denn auch selbstbewusst, ihr Familienname mütterlicherseits gehe auf den vierten König Roms, Ancus Marcius, zurück. Von Vaters Seite her sei das Geschlecht mit Julus, dem Sohn des trojanischen Flüchtlings Aeneas verbunden; weil dieser seinerseits als direkter Abkömmling der durfte der junge Gaius stolz eine leibhaftige Göttin als seine Urmutter betrachten. In späteren Jahren ließ Caesar deshalb das

Konterfei der himmlischen Ahnfrau auf Münzen prägen, er siegelte mit einem Ring, der eine Venus in Waffen zeigte, und erbaute ihr auf seinem Forum einen Tempel.

Mit göttlicher Herkunft allein war in Rom allerdings noch kein Lorbeerkranz zu gewinnen. Zwar gab es die Möglichkeit, sich durch geschickte Heiratspolitik und entsprechende verwandtschaftliche Beziehungen die eine oder andere Tür zu öffnen. Doch wer wie die Julier im aristokratischen Wettstreit um das höchste Staatsamt meist auf der Strecke geblieben war, musste auch da Abstriche machen. So gab sich die schon erwähnte Julia, Schwester von Caesars Vater, mit einem Mann aus dem Ritterstand zufrieden. Sie ehelichte um 112/110 einen gewissen Gaius Marius, der aus einem kleinen Dorf nahe dem Landstädtchen Arpinum, etwa hundert Kilometer südöstlich von Rom, stammte. Dass dieser Emporkömmling (*homo novus*) später durch seine Siege über den afrikanischen Fürsten Jugurtha sowie die wandernden Germanenstämme der Kimbern und Teutonen quasi zum Nationalhelden aufsteigen würde, konnte die Familie zu diesem Zeitpunkt nicht ahnen. Ebenso wenig vorhersehbar war, dass er, der das militärische Handwerk besser beherrschte als die zivilen Alltagsgeschäfte, bis zu seinem Tod im Januar 86 siebenmal das Konsulat innehaben würde. Caesars Vater hatte ebenfalls unter seinem Stand heiraten müssen. Aurelia war keine Patrizierin, sondern stammte aus einem plebejischen Geschlecht, das erst anderthalb Jahrhunderte zuvor in die Oberschicht aufgerückt war. Doch wenigstens hatten ihre Vorfahren schon etliche Konsuln gestellt. Einer von ihnen hieß Lucius Aurelius Cotta und war Caesars Großvater.

Während die Schwestern des jungen Juliers bereits im Mädchenalter mit achtbaren, aber zweitklassigen Aristokraten verkuppelt wurden, ruhte die große Hoffnung der Familie auf dem Sohn. Die Mutter Aurelia kümmerte sich rührend um seine Ausbildung. Als Caesar etwa zehn Jahre alt war und den Elementarunterricht im Schreiben, Lesen und Rechnen hinter sich gebracht hatte, bestellte sie den Rhetorik-Experten Marcus Antonius Gnipho zum Hauslehrer. Der in Alexandria ausgebildete Wissenschaftler galt als einer der besten Kenner der griechischen und römischen Literatur und förderte die Talente seines Schützlings nach Kräften. Caesars Vater arrangierte unterdessen eine Art »Geldheirat«: Fast noch als Knabe verlobte er seinen Sprössling mit Cossutia, der Tochter eines reichen Ritters. Doch aus der lukrativen Verbindung wurde nichts. Nachdem im Jahre 86 Caesars Onkel Marius und 85 sein Vater verstorben waren, wehte ein anderer Wind. Lucius Cornelius Cinna, der neue starke Mann in Rom, gab dem Sechzehnjährigen seine Tochter Cornelia zur Frau. Der populare Politiker hatte Caesar dazu ausersehen, das Amt des *flamen Dialis*, des obersten Jupiter-Priesters, zu übernehmen. Weil diese angesehene Position nur ein Patrizier innehaben konnte, der mit einer Patrizierin verheiratet war, musste Cossutia weichen.

Wäre Gaius Julius damals tatsächlich zum Priester geweiht worden, hätte sein Lebensweg eine ganz andere Richtung genommen. Dem *flamen Dialis* war es verboten, auf ein Pferd zu steigen, Soldaten oder Waffen anzuschauen, eine Leiche zu berühren, einem gefesselten Gefangenen zu begegnen und Rom länger als zwei Tage und drei Nächte zu verlassen. Gerade diese Einschränkungen machten es dem Amtsträger unmöglich, sich politisch und militärisch zu engagieren. Caesar wäre auf einem Abstellgleis gelandet. Dass ihm ausgerechnet Lucius Cornelius Sulla (138 bis 78), der Erzfeind seines Onkels Marius und seines Schwiegervaters Cinna, die Anwartschaft auf das Priesteramt wieder entzog und so seine Karriere erst ermöglichte, gehört zu den Treppenwitzen der Weltgeschichte. Denn ursprünglich hatte der Anführer der Adelspartei (Optimaten) vorgehabt, den Julier als einen Repräsentanten der popularen Clique ein für alle Mal kaltzustellen.

Von Kopfgeldjägern gehetzt

Wir schreiben das Jahr 81 v. Chr. – Caesar widersetzt sich Sulla und muss aus Rom fliehen.

Der viermalige Konsul Cinna war Ende des Jahres 84 von meuternden Soldaten erschlagen worden. In Rom hatte daraufhin Caesars Vetter, der Sohn seines Onkels Marius, verfassungswidrig die Macht übernommen. Der Optimaten-Führer Sulla, der von 87 bis 85 im Osten Krieg gegen König Mithridates von Pontus geführt hatte und in seiner Abwesenheit zum Staatsfeind (*hostis*) erklärt worden war, nahm sich vor, das populare Regime in der Stadt am Tiber von der Bildfläche zu tilgen. Er landete 83 mit 40 000 ihm treu ergebenen Soldaten auf italischem Boden, ließ sich von dem knapp 24 Jahre alten Gnaeus Pompeius (106 bis 48) drei weitere Legionen zuführen und marschierte auf Rom. Am 1. November 82 besiegte er die Marianer in einer verlustreichen Schlacht. Der Senat übertrug ihm das Amt eines Diktators zur Neuordnung des Staates. Mit kühl kalkulierter Grausamkeit machte er sich ans Werk. Systematisch beseitigte er die Gegner der Senatsoligarchie. Auf dem Forum wurden Listen mit den Namen all jener angeschlagen, die mit Marius und Cinna gemeinsame Sache gemacht hatten. Pro Kopf sollten Denunzianten und Mörder eine Belohnung von 12 000 Denaren erhalten. Das Vermögen der Proskribierten, also der öffentlich Ausgeschriebenen, wurde eingezogen, die Söhne und Enkel der für vogelfrei erklärten Senatoren wurden von allen Staatsämtern ausgeschlossen. Insgesamt 4700 Personen, darunter vierzig Senatsmitglieder, 1600 Angehörige des Ritterstandes und unzählige Unbeteiligte fielen dieser bis dahin beispiellosen Säuberung zum Opfer. Durch die Versteigerung konfiszierter Landgüter wurden einige sullanische Mitläufer steinreich. Marcus Licinius Crassus (ca. 115 bis 53), der später für Caesars Schulden bürgte, gehörte ebenso dazu wie jener Gnaeus Pompeius Magnus, gegen den Caesar später im Bürgerkrieg kämpfte.

»Über der blutigen Jagd nach den Proskribierten und seiner sonstigen Tätigkeit hatte Sulla anfänglich Caesar ganz übersehen«, berichtet der kaiserzeitliche Biograf Plutarch in seinen Lebensbeschreibungen großer Griechen und Römer (»Vitae parallelae«). Der Julier war zu jung, um sich politisch schon diskreditiert zu haben. Doch verlangte der Diktator als Zeichen guten Willens, er möge sich wenigstens von Cinnas Tochter Cornelia trennen. Obwohl Caesar gewusst haben muss, dass man sich Sullas Anweisungen nicht straflos widersetzen konnte, weigerte er sich standhaft. »Weder mit Versprechungen noch mit Drohungen« sei der Herr Roms ans Ziel gekommen, so Plutarch weiter. Und der Historiker Sueton (ca. 70 bis 150 n. Chr.) ergänzt: »Deshalb wurde er [Caesar] seiner Priesterstelle enthoben, der Mitgift seiner Frau und seiner Erbschaften beraubt und als zur Gegenpartei gehörig betrachtet.« Nun wurde dem Neunzehnjährigen das Pflaster in der Stadt zu heiß. Er verschwand aufs Land und wechselte Nacht für Nacht vorsichtig das Versteck. Dennoch spürte eine sullanische Patrouille den inzwischen an Malaria erkrankten und völlig entkräfteten Flüchtling auf. In dieser kritischen Lage sprang ihm erstmals die Glücksgöttin Fortuna bei. Cornelius Phagita, der Anführer der »Kopfgeldjäger«, war offenbar im Rahmen seiner bescheidenen Möglichkeiten ein richtiger Ehrenmann. Er nahm die Bestechungssumme von 12 000 Denaren, mit der sich Caesar freikaufte, an und schenkte ihm das Leben. Er hätte auch zweimal kassieren können.

Sulla legte seine diktatorischen Vollmachten im Jahr 79 nieder und zog sich ins Privatleben zurück. Er hatte den Senat mit Personen aus der Ritterschaft auf sechshundert Personen aufgestockt, die Geschworenengerichte in die Hand der Senatoren gebracht, die Macht der Volkstribunen beschnitten und die Ämterlaufbahn verbindlich geregelt. Rund 120 000 Veteranen siedelte er auf jenen Grundstücken an, die er seinen Gegnern zuvor abgenommen hatte. Schon im Jahre 78 starb der Ex-Diktator, dessen Reformen zur Stärkung des Senatsregimes ihn nicht lange überlebten. Jetzt erst wagte sich Caesar nach Rom zurück. Dort begann er sich allmählich einen Namen zu machen. Mit Prozessen gegen zwei führende Sullaner versuchte er sich als Redner und Anwalt zu profilieren. Er klagte die beiden wegen Ausbeutung ihrer Provinzen an. So paradox es klingt: Gerade dadurch, dass er die Verfahren verlor, siegte er in zweifacher Hinsicht – er empfahl sich dem Volk als populärer Politiker, ohne sich durch eine Verurteilung beim Adel verhasst zu machen.

In der Gewalt der Seeräuber

Wir schreiben das Jahr 75 v. Chr. – Caesars Schiff wird auf der Fahrt nach Rhodos von Piraten geentert.

Caesar war erst 25 Jahre alt und damit zu jung, um in Rom ein Amt zu bekleiden. So entschloss er sich, wieder in den Osten des Reiches zu gehen. Auf seinem Reiseprogramm stand unter anderem die Insel Rhodos. Dort wollte er seine Rhetorikausbildung bei dem berühmten Grammatiker Apollonios vollenden. Er trat die Überfahrt im Winter an, darauf hoffend, dass die kilikischen Seeräuber, die das östliche Mittelmeer beherrschten, aus Furcht vor den Stürmen in der Ägäis in ihren Schlupflöchern bleiben würden. Doch er hatte Pech: Vor der kleinen Insel Pharmakussa südlich von Milet kaperten die Piraten Caesars Schiff und nahmen den jungen römischen Aristokraten als Geisel. Was dann geschah, schildert Plutarch romanhaft ausgeschmückt:

»Sie verlangten zwanzig Talente Lösegeld von ihm, er aber lachte ihnen ins Gesicht, sie wüssten ja gar nicht, was sie für einen Fang getan, und versprach, deren fünfzig [entspricht 300 000 Denaren] abzuliefern. Dann sandte er seine Begleiter in die einzelnen Städte, die Summe herbeizuschaffen, und blieb selber mit einem einzigen Freund und zwei Dienern unter den kilikischen Mordbrennern zurück. Dabei trieb er es in seinem Hochmut so weit, dass er ihnen Befehl schickte, sich ruhig zu verhalten, wenn er schlafen wollte. Während der 38 Tage, da er sich in ihrer Gewalt befand, spielte und turnte er ohne alle Furcht mit ihnen, als ob er nicht der Gefangene, sondern sie seine Trabanten wären. Er verfasste Gedichte und Reden und las sie ihnen vor, und wenn sie ihm keine Bewunderung zollten, schalt er sie unverblümt Barbaren ohne Bildung und Kultur. Oft stieß er lachend die Drohung aus, er werde sie aufknüpfen lassen – und die Kerle hatten ihre Freude dran, hielten sie ihn doch für einen harmlosen, lustigen Patron, der die losen Reden nicht lassen könne. Als aber das Lösegeld aus Milet gekommen und Caesar auf freien Fuß gesetzt war, bemannte er unverzüglich ein paar Schiffe im Hafen von Milet und stach gegen die Piraten in See. Er überraschte sie auf der Insel, wo sie immer noch vor Anker lagen, und brachte die meisten in seine Gewalt. Ihre Schätze strich er als gute Prise ein, die Leute ließ er im Gefängnis von Pergamon einkerkern und begab sich darauf persönlich zu (Marcus) Juncus, dem Statthalter Kleinasiens, welchem als Praetor die Bestrafung der Gefangenen zustand.

Allein, da dieser lüstern nach den Beutegeldern schielte – es handelte sich tatsächlich um bedeutende Summen – und erklärte, er wolle gelegentlich prüfen, was mit den Gefangenen zu tun sei, nahm Caesar keine Rücksicht mehr auf ihn und kehrte nach Pergamon zurück. Er ließ die Seeräuber vorführen und bis auf den letzten Mann ans Kreuz schlagen, wie er es ihnen auf der Insel oft vorausgesagt hatte, nach ihrer Meinung allerdings im Scherz« (Plut. Caes. 2). Als Beweis seiner milden Gesinnung jedoch, so ergänzt Sueton, habe er die Delinquenten vorher erdrosseln lassen (Suet. Caes. 74).

Kaum in Rhodos eingetroffen, musste er sein Studium nach kürzester Zeit abbrechen. Auf die Nachricht hin, dass jener von Sulla zum Friedensschluss gezwungene König Mithridates erneut mit Streitkräften in Kleinasien eingedrungen war, setzte er – quasi als Privatmann – nach dem Festland über.»Er zog Hilfstruppen zusammen, vertrieb den Statthalter des Königs aus der Provinz, und so gelang es ihm, die bereits schwankend und unsicher gewordenen Städte für die römische Sache zurückzugewinnen« (Suet. Caes. 4). Ein Jahr später wurde Caesar in Abwesenheit anstelle des verstorbenen Gaius Aurelius Cotta in das Kollegium der römischen Priester (*pontifices*) aufgenommen und kehrte in die Hauptstadt zurück.

Als Finanzbeamter in Spanien

Wir schreiben das Jahr 69 v. Chr. – Caesar wird Quaestor. Die Quaestur bildete die unterste Stufe der römischen Ämterlaufbahn. Seit Sulla wurden jedes Jahr zwanzig dieser Finanzbeamten gewählt. Sie erwarben automatisch das Recht auf einen Senatssitz. Caesar erhielt den Auftrag, als Gehilfe des Propraetors Antistius Vetus die Feldkasse in der Provinz Hispania Ulterior zu verwalten. Doch bevor er nach Spanien abreisen konnte, musste er noch die Leichenfeiern für seine Tante Julia und seine erste Frau Cornelia ausrichten. Dabei war er sich nicht zu schade, das Begräbnis Julias in eine politische Demonstration zu verwandeln.

»Er wagte es, bei ihrer Bestattung öffentlich Bilder von Marius zu zeigen, die seit der Herrschaft Sullas nicht mehr gesehen worden waren, da man Marius und seine Freunde zu Staatsfeinden erklärt hatte. Als darob gegen Caesar empörte Stimmen laut wurden, schrie das Volk zurück und bereitete ihm händeklatschend einen jubelnden Empfang, voll Bewunderung, dass er Marius' Ehre nach so langer Zeit gleichsam aus dem Hades in die Stadt zurückgeholt habe« (Plut. Caes. 5). Da es in Rom nicht üblich war, jung verstorbene Gattinnen auf dem Forum zu ehren, gewann der Witwer auch bei seiner Trauerrede für Cornelia die Sympathien der Menge. Durch seinen leidenschaftlichen Schmerz habe er erkennen lassen, dass er ein zartfühlender, tief empfindender Mensch sei, formuliert Plutarch.

Danach fuhr er nach Südspanien. Dort kontrollierte er nicht nur die Finanzen des Propraetors, sondern musste in seinem Auftrag auch an verschiedenen Orten Gerichtsverhandlungen leiten. Dieser trockenen und eher lästigen Buchhaltertätigkeit wurde Caesar rasch überdrüssig. Als er im Heraklestempel von Gades ein Standbild Alexanders des Großen betrachtete, sei ihm bewusst geworden, dass er in einem Alter, in dem der Makedone schon die Welt erobert hatte, noch nichts Bemerkenswertes geleistet habe. Deshalb bat er, so erzählt Sueton, sofort um seine Entlassung, »um möglichst rasch in Rom Gelegenheit zu größeren Unternehmungen zu erhalten« (Suet. Caes. 7). Zu Hause angelangt, heiratete er in zweiter Ehe Pompeia, die Enkelin des Lucius Cornelius Sulla. Im Jahre 67 wurde Caesar zum Aufseher über die öffentlichen Straßen bestellt (*curator viarum*). Zuständig für die Via Appia, hatte er die nötigen Reparaturarbeiten an dieser Hauptverkehrsader zu überwachen und schoss große Beiträge aus eigener Tasche zu.

Prächtige Spiele

Wir schreiben das Jahr 65 v. Chr. – Caesar wird Aedil. Das Amt des Aedils bildete ein echtes Nadelöhr in der senatorischen Laufbahn. Nur vier von zwanzig Quaestoren eines Jahrgangs hatten die Chance, in diese Position aufzurücken. Und das war teuer. Verschlang schon die Wahlbestechung Unsummen, so verlangte auch das Amt selbst von den Politikern, die es erstrebten, tiefe Griffe in die Privatschatulle. Denn die Aedilen zeichneten nicht nur für die Instandhaltung öffentlicher Gebäude, Straßen und Plätze in Rom verantwortlich, sie mussten nicht nur die Lebensmittel- und Wasserversorgung gewährleisten, sondern auch die öffentlichen Spiele ausrichten. Dafür hatte man aber auch Gelegenheit, besonders publikumswirksam um Stimmen zu buhlen. Je großzügiger die Getreideverteilung, je prächtiger die Spiele, umso beliebter war der edle Spender beim Stadtvolk (*plebs urbana*). Caesar gab sich in dieser Hinsicht mehr als nur verschwenderisch: Er schmückte »außer dem Versammlungsplatz, dem Forum und den Basiliken auch das Kapitol mit Säulengängen« (Suet. Caes. 10) und ließ bei einem Gladiatorenkampf gleich 320 Fechterpaare auftreten (Plut. Caes. 5). Bei allen Aufführungen, Festzügen und öffentlichen Speisungen entfaltete er einen solchen Prunk, dass sämtliche Bemühungen seiner Vorgänger daneben verblassten.

Plutarch berichtet, der Julier habe – noch bevor er überhaupt ein Amt bekleidete – schon 1300 Talente Schulden gehabt. Das sind 7,8 Millionen Denare oder 31,2 Millionen Sesterzen. Offenbar besaß er genügend Geldgeber, die in ihm einen hoffnungsvollen Politiker sahen und ihm deshalb einen Wechsel auf die Zukunft ausstellten. Sie alle bauten darauf, dass er später als Statthalter einer Provinz die Kredite mit Zins und Zinseszins wieder hereinwirtschaften werde. Unter den Gläubigern befand sich Anfang der Sechzigerjahre vermutlich auch schon Marcus Licinius Crassus, der damals als reichster Mann der Stadt galt. Der Kriegsgewinnler und Immobilien-Mogul unterstützte Caesar auch, als dieser im Jahr 63 für das Amt des Oberpriesters (*pontifex maximus*) kandidierte. Um diese höchste sakrale Würde Roms hatten sich auch zwei der angesehensten Konsulare beworben. Einer von ihnen, Quintus Lutatius Catulus, versuchte Caesar durch eine bedeutende Geldsumme zum Rücktritt zu bewegen. Überheblich lehnte der Julier ab. »Als der Wahltag herangekommen war und ihn die Mutter unter Tränen an die Tür begleitete, da küsste er sie zum Abschied und sagte: ›Mutter, heute siehst du deinen Sohn als Oberpriester oder als Verbannten wieder.‹« (Plut. Caes. 7). Caesar gewann die Abstimmung – und machte sich wichtige Männer zum Feind.

Allein, der Aedil Caesar ließ es dabei nicht bewenden, sondern provozierte die Clique der Optimaten noch weiter: In einer Nacht- und Nebelaktion ließ er die Statuen und die Siegestrophäen seines Onkels Marius, die Sulla gestürzt hatte, auf dem Kapitol wieder aufstellen. Darüber hinaus zerrte er den greisen Senator Gaius Rabirius in einem Hochverratsprozess vor Gericht. Er beschuldigte ihn, vor 35 Jahren an der Ermordung eines Tribunen beteiligt gewesen zu sein. Der alte Mann konnte seinen Kopf nur retten, weil er die Volksversammlung um Schutz anrief und im Berufungsverfahren aus Mitleid freigesprochen wurde (Suet. Caes. 12).

Die Verschwörung des Catilina

Wir schreiben das Jahr 63 v. Chr. – Caesar wendet sich gegen die Todesstrafe für die Catilinarier.

Am 5. Dezember musste Caesar im Senat minutenlang um sein Leben bangen. Als er die dramatische Sitzung im Tempel der Concordia verlassen wollte, bedrängten ihn die ritterlichen Leibwächter des Konsuls Marcus Tullius Cicero (106 bis 43) mit gezückten Schwertern. Entsetzt sprangen etliche Ratsmitglieder von ihren Sitzen. Nur wenige standen ihm zur Seite oder hielten schützend ihre Toga vor ihn. Ein Zeichen von Cicero und der für das kommende Jahr designierte Praetor wäre erstochen worden. Der Konsul – ein *homo novus*, der wie Caesars Onkel Marius in Arpinum aufgewachsen war – winkte jedoch ab, »vielleicht aus Furcht vor dem Volk, vielleicht auch, weil er die Ermordung des Mannes als widerrechtlich und ungesetzlich verabscheute« (Plut. Caes. 8, Suet. Caes. 14). Dem Julier aber saß der Schrecken tief in den Knochen – bis zum Ende des Monats betrat er die Kurie nicht mehr.

Was war geschehen? Cicero hatte im Oktober des Jahres eine Verschwörung gegen sich und den Staat aufgedeckt. Lucius Sergius Catilina, aus einem verarmten Patriziergeschlecht stammend, war bei zwei Anläufen, ins Konsulat zu gelangen, gescheitert. Seine Geldreserven gingen zur Neige, die Wahlkämpfe hatten sie erschöpft. Durch die Optimaten in seinem gesellschaftlichen Ansehen (*dignitas*) gekränkt, plante er einen Staatsstreich. Allen, die ihm folgen würden, versprach er einen allgemeinen Schuldenerlass. Während einer seiner Anhänger im Norden Etruriens ein stattliches Heer von Unzufriedenen sammelte, sollte in Rom selbst die Ermordung Ciceros das Signal zum Aufstand geben. Doch der Konsul erhielt Kunde von dem Anschlag. Am 21. Oktober brachte er den Senat dazu, den Staatsnotstand (*senatus consultum ultimum*) auszurufen, am 7. November trieb er den Rädelsführer mit seiner Ersten Catilinarischen Rede aus der Stadt, und am 15. November wurde Catilina, der sich zu seinen zusammengewürfelten Truppen nach Etrurien geflüchtet hatte, zum Staatsfeind erklärt. Anfang Dezember flogen fünf prominente Komplizen des verhinderten »Revolutionärs« auf – sie wurden verhaftet, unter ihnen ein amtierender Magistrat.

In der Ratssitzung des 5. Dezember wollte Cicero klären lassen, wie mit den Gefangenen zu verfahren sei. Die beiden für das kommende Jahr gewählten Konsuln sowie die anwesenden 14 Konsulare sprachen sich eindeutig für die Höchststrafe (*ultima poena*) aus. Danach wurde Caesar als frisch gekürtem Praetor das Wort erteilt: Als Einziger lehnte er die Exekution der Verschwörer ab. Plutarch zufolge erklärte er, »Männer von so hohem Ansehen, so edlem Geschlecht ohne Urteil hinzurichten, verstoße gegen Herkommen und Recht« (Plut. Caes. 7). Man schaffe damit einen Präzedenzfall, der böse Folgen haben werde. Er empfehle stattdessen, sie in italischen Landstädten gefangen zu halten und ihr Vermögen zu konfiszieren. Sobald Catilinas Erhebung niedergeschlagen sei, könne man in aller Ruhe entscheiden, was weiter mit ihnen geschehen solle. Caesars Argumentation war so geschickt, dass die meisten der Senatoren ihr früheres Votum widerriefen. Nun aber trat Marcus Porcius Cato (95 bis 46) auf den Plan, der Mann, der Caesars Erzfeind wurde. Zornig griff er den Julier an: »Unter demokratischer Maske, mit menschenfreundlichen Phrasen bereite er den Umsturz vor ... Er solle froh sein, wenn er nach allem, was geschehen, ohne Verdacht und Strafe davonkomme, er, der ebenso unverhohlen wie frech die Feinde des Volkes herauszureißen versuche.« Statt Erbarmen mit dem bedrohten Vaterland zu haben, stimme er Klagelieder für Männer an, »die nie hätten gezeugt, nie geboren werden dürfen« (Plut. Cato 23). Catos Andeutung, Caesar stecke mit den Feinden unter einer Decke, brachte den Julier in die eingangs erwähnte bedrohliche Lage.

Die fünf inhaftierten Catilinarier wurden noch am selben Abend umgebracht. Cicero ließ die Verschwörer ins Staatsgefängnis auf dem Kapitol führen und in dem zwölf Fuß unter der Erde liegenden Hinrichtungsraum (Tullianum) erdrosseln. Der schweigend wartenden Menge verkündete er die Vollstreckung mit den zynischen Worten: »Sie haben gelebt« (»vixerunt«). Obgleich Caesar den Senat als Verlierer verließ, konnte er abermals einen Erfolg verbuchen. Er war furchtlos als Anwalt der popularen Forderung aufgetreten, dass kein Bürger ohne Anhörung durch die Volksversammlung an Leib und Leben bestraft werden dürfe. Catilinas Heer wurde im Februar 62 bei Pistoia von den Legionen des Senats gestellt und völlig vernichtet. Der Aufrührer selbst fand in der Schlacht den Tod.

Skandale und Kriege

Wir schreiben das Jahr 62 v. Chr. – Caesar amtiert als Praetor. Der Bona-Dea-Skandal beschäftigt Rom. Im Jahr danach führt Caesar als Propraetor Krieg in Spanien.

Gleich am ersten Tag seiner Praetur sorgte Caesar in Rom erneut für einen Eklat. Während die beiden frisch gekürten Konsuln mit fast dem kompletten Senat zum feierlichen Amtsantritt auf dem Kapitol weilten, berief der Julier auf dem Forum eilends eine formlose Volksversammlung (*contio*) ein und lud Quintus Lutatius Catulus vor. Der unbescholtene, Caesar gegenüber jedoch äußerst kritische Konsular sollte Rechenschaft darüber ablegen, warum er den Wiederaufbau des im Jahre 83 niedergebrannten Jupiter-Tempels noch immer nicht vollendet hatte, obwohl er den

Auftrag dafür schon im Jahr 78 erhalten hatte. Wie war dieser Schlendrian zu erklären? Hatte Catulus vielleicht die bewilligten Staatszuschüsse unterschlagen? Caesar demütigte den alten Herrn, indem er ihm untersagte, bei seiner Verteidigung die Rednertribüne (*rostra*) zu besteigen. Als die Konsuln und die Senatoren von dem unglaublichen Vorgang erfuhren, eilten sie vom Kapitol herab und zwangen den Praetor, die Versammlung aufzulösen.

Inzwischen hatte Pompeius Magnus den aufsässigen König Mithridates von Pontus endgültig niedergerungen und die Provinzen im Nahen Osten neu geordnet. Rom erwartete mit Spannung die Rückkehr des Feldherrn. Würde er sein Heer wirklich entlassen? Oder würde er wie einst Sulla mit den Legionen nach Rom marschieren, um seine Vorrangstellung zu behaupten? Caesar jedenfalls wusste, dass gegen diesen mächtigen General keine Karriere zu machen war. Deshalb diente er sich einem mit Pompeius befreundeten Volkstribunen an. Gemeinsam mit ihm wollte er dem Kriegshelden den Vorteil verschaffen, sich in Abwesenheit für das Konsulat des nächsten Jahres zu bewerben. Cato jedoch witterte darin einen weiteren Anschlag gegen die Optimaten-Republik und brachte die Konsuln wie den Senat dazu, den Praetor und den Tribunen aus dem Staatsdienst zu entlassen. Trotzig führte Caesar zunächst seine Justizarbeit fort. »Als er aber erfuhr, dass Leute aufgeboten seien, um ihn an der Ausübung seiner Funktionen mit Waffengewalt zu hindern, entließ er seine Liktoren, entledigte sich seiner Amtstracht und floh heimlich nach Hause, um sich den besonderen Umständen entsprechend ruhig zu verhalten«, berichtet Sueton. »Auch beschwichtigte er die Volksmenge, die sich zwei Tage später ganz spontan vor seinem Haus zusammenrottete und stürmisch versprach, ihm bei der Wiedererlangung seiner Würde behilflich zu sein« (Suet. Caes. 16). Der Senat, vom Einlenken Caesars völlig überrascht, rehabilitierte ihn und gab ihm seine richterliche Vollmacht zurück.

Am Ende des Jahres bot sich den Optimaten allerdings noch einmal die Gelegenheit, den Julier zu kompromittieren. Der sogenannte Bona-Dea-Skandal sorgte in Roms besserer Gesellschaft für Gesprächsstoff. Caesars Gemahlin Pompeia war die ehrenvolle

Aufgabe zugefallen, in der Nacht zum 5. Dezember die Mysterien-
feier für die »Gute Göttin« in ihrem Hause auszurichten. An diesem Fest durften nur Frauen teilnehmen – selbst Caesar musste
sich woanders ein Schlafquartier suchen. Bloß einer hielt sich
nicht an das Verbot: Der designierte Quaestor Publius Clodius
Pulcher, ein stadtbekannter populärer Politiker, verschaffte sich –
glattrasiert und als Harfenspielerin verkleidet – Zutritt. Eine Die-
nerin entdeckte ihn, er flüchtete, die Rituale wurden abgebro-
chen. Tags darauf brodelte es in der Gerüchteküche. Clodius habe
ein Schäferstündchen mit Pompeia verbringen wollen, hieß es in
den Gassen Roms. Sofort bereiteten die gestrengen Sittenwächter
im Senat eine Anklage wegen Religionsfrevels vor. Nur Caesar
blieb in dieser Sache merkwürdig still. Er ahnte vermutlich, dass
es Clodius nicht um Ehebruch, sondern um eine Protestaktion ge-
gangen war. Denn am 5. Dezember hatte sich die Hinrichtung der
Catilinarier gejährt. Und genau in dieser Nacht hatte Ciceros Gattin Terentia die Feier für Bona Dea ausgerichtet. Dabei soll sich
ein Wunder ereignet haben, das dem Konsul indirekt den Vorwand lieferte, mit den Verschwörern kurzen Prozess zu machen.
Clodius hatte die Mysterien entweiht, um Ciceros Blasphemie an-
zuprangern. Trotzdem schickte Caesar der unschuldigen Pompeia
den Scheidungsbrief. Auf die Frage, warum er das tue, soll er
geantwortet haben: »Weil ich eine Frau nicht im Hause dulde, auf
der auch nur der Schatten eines Argwohns liegt.«

Für das Jahr 61 hatte Caesar die Provinz Spanien erlost. Seine
Abreise verzögerte sich. Erst nach Abschluss des Bona-Dea-Pro-
zesses, in dem Clodius freigesprochen wurde, konnte er sein Rei-
segepäck schnüren. Zuvor allerdings versuchten seine Gläubiger
noch, an einen Teil ihres Geldes zu kommen. Der Historiker Appian – geboren um 90/100 n. Chr. – berichtet, Caesar habe zu
diesem Zeitpunkt selbst gesagt, »er brauche 25 Millionen Denare,
um gar nichts zu besitzen« (App. B.C. II, 8 [26]). Crassus sprang
ihm bei und übernahm die Bürgschaft für etwa fünf Millionen
Denare. Der Vertrauensbeweis dieses angesehenen Mannes beru-
higte die restlichen Kreditgeber. Hals über Kopf brach Caesar Anfang März auf, ohne die Anweisungen des Senats für die Provinz-
verwaltung abzuwarten. Denn es blieben ihm nur wenige Monate

Zeit, um in Südspanien (Hispania Ulterior) seine Schulden hereinzuwirtschaften und sich einen finanziellen Speckgürtel für die Bewerbung um das Konsulat zuzulegen.

Sofort nach seiner Ankunft entfaltete er eine rastlose Tätigkeit. Er stockte die vorhandenen zwanzig Legionärskohorten um weitere zehn auf und marschierte schnurstracks nach Lusitanien, ins heutige Portugal. Obwohl er Frieden hätte halten können, so erzählt Cassius Dio, rückte er bis zum Herminianischen Gebirge vor »und befahl den Bewohnern, ihre Wohnstätten in die Ebene herabzuverlegen, angeblich, damit sie ihre Festungen nicht als Ausgangspunkte für Raubzüge benützen könnten; in Wirklichkeit aber wusste Caesar nur zu gut, dass sie dieser Aufforderung niemals nachkommen würden und er dann einen Grund zum Kriege habe. Und so kam es auch. Als nämlich die Leute zu den Waffen griffen, überwältigte er sie. Auch als einige ihrer Nachbarn aus Furcht, er möchte sich ebenfalls gegen sie wenden, ihre Kinder und Frauen und was sie an wertvollster Habe besaßen, über den Durius [Duero] in Sicherheit brachten, nahm er zunächst ihre Städte in Besitz und lieferte ihnen dann gleichfalls eine Schlacht« (Cass. Dio 37, 52 [3]). Er drang bis zum Atlantischen Ozean vor und unterwarf dort Stämme, »welche sich bis dahin dem römischen Joch noch nie gebeugt hatten«, fügt Plutarch (Caes. 12) hinzu.

Einen Teil der Beute überwies er an die Staatskasse (*aerarium*), einen anderen gewährte er seinen Legionären, den großen Rest behielt er für sich. »Als der die Provinz verließ, war er zum reichen Mann geworden«, so Plutarch. Die begeisterten Soldaten riefen ihn zum Imperator aus, die Senatoren bewilligten einen Triumphzug. Diese Ehre stand jedem Feldherrn zu, der nachweisen konnte, dass er in einer einzigen Schlacht fünftausend Feinde getötet hatte. Caesar erfüllte die Voraussetzung. Doch als er an Roms Toren eintraf, geriet er in den Schraubstock zweier gesetzlicher Bestimmungen. Wollte er den Triumph, so hatte er bis zum Tag des feierlichen Einzugs vor der Stadt auszuharren; wollte er sich um das Konsulat bewerben, musste er die geheiligte Stadtgrenze (*pomerium*) überschreiten, um sich persönlich in die Kandidatenliste einzutragen – dadurch verlor er jedoch seine militärische Machtbefugnis (*imperium*) und damit automatisch auch das Recht auf den Triumph. Er bat deshalb den Senat, sich in Abwesenheit bewerben zu dürfen. Und das hohe Gremium hätte diese Ausnahme beinahe genehmigt, wenn nicht Caesars Erzfeind Cato zu einer seiner berüchtigten Dauerreden angesetzt hätte. Bei Einbruch der Dunkelheit musste der Senat die Sitzung nach altem Brauch ohne Beschluss beenden. Weil die Bewerbungsfrist am nächsten Tag ablief, sah sich Caesar gezwungen, auf den Triumph zu verzichten. Das Konsulat war ihm wichtiger.

Kampf gegen den Senat

Wir schreiben das Jahr 59 v. Chr. – Caesar amtiert als Konsul.

Noch während des Wahlkampfes im Jahre 60 glückte Caesar in aller Stille ein politischer Schachzug von außerordentlicher Tragweite. Mit dem untrüglichen Blick des Machtmenschen erkannte er, dass sowohl sein Geldgeber Crassus als auch der große Pompeius in Schwierigkeiten steckten. Crassus war mit dem Versuch gescheitert, für die Zollpächter Asiens einen Preisnachlass zu erwirken; sie hatten zu hoch geboten, als der Censor die Erträge der Provinz versteigerte, und befürchteten nun hohe Verluste, da die Einnahmen aus diesem Land ihre Ausgaben nicht deckten. Pompeius dagegen, der 61 nach Italien zurückgekehrt war und wider Erwarten sein Heer entlassen hatte, zeigte sich äußerst frustriert, weil ihm der Senat die Ratifizierung seiner Anordnungen im Osten des Reiches verweigerte und auch in der Frage der Veteranenversorgung nicht einlenken wollte. Caesar versöhnte die beiden Streithähne miteinander und schmiedete mit ihnen ein Bündnis unter der Maßgabe, »dass nichts im Staate geschehen solle, was einem der drei missfalle« (Suet. Caes. 19). Das sogenannte 1. Triumvirat war geboren.

Caesars Gegner im Senat bemerkten davon zunächst nichts. Sie registrierten allerdings misstrauisch, dass der Julier sich den reichen Mitbewerber Lucius Lucceius ins Boot geholt hatte. Sein Kompagnon war dazu ausersehen, die für die Wahl entscheidenden Centurien zu bestechen. Die Optimaten reagierten umgehend. Sie sammelten Geld, um den ihnen willfährigen Marcus

Calpurnius Bibulus ebenfalls mit entsprechenden Mitteln auszustatten. Sogar der moralinsaure »Cato billigte diese Spenden, da sie im Staatsinteresse seien«. Bei der Vergabe der Provinzen, die vor der Wahl erfolgte, holten die konservativen Aristokraten dann zum Gegenschlag aus. Sie demütigten Caesar, indem sie ihm als prokonsularischen Amtsbereich »die Aufsicht über Wälder und Wege« in Italien zuwiesen (Suet. Caes. 19). Der Julier nahm diese Kränkung ungerührt hin. Als er und Bibulus gekürt waren, ließ Caesar die Maske fallen.

Schon im Januar brachte er, ganz im Sinne des Pompeius, einen Gesetzentwurf ein mit dem Ziel, Ackerland an die bedürftigen Stadtrömer und die entlassenen Soldaten zu verteilen. Zunächst agierte er dabei sehr maßvoll. Um die senatorischen Grundbesitzer, die seit Jahrzehnten einen Teil des öffentlichen Bodens gegen geringe Pacht bestellten, auf seine Seite zu ziehen, bestimmte ein Passus, dass der Verkauf ihres nach Gewohnheitsrecht erworbenen Besitzes nicht erzwungen und der Preis nicht willkürlich festgelegt werden dürfe. Finanziert werden könnte diese Maßnahme, so der Konsul, aus den Tributen und Zöllen, die nach Pompeius' Feldzug aus dem Osten nach Rom geflossen seien. Den Optimaten bot er an, über alle Paragrafen dieses Gesetzes zu diskutieren. Sämtliche Einwände würden berücksichtigt (Cass. Dio 38, 1–2). Die konservativen Kräfte des Senats hatten zwar keine vernünftigen Argumente dagegen, stellten sich aber stur. In ihrer fast schon paranoiden Angst, jeder einzelne Neusiedler, den sich Caesar mit der Landverteilung zu Dank verpflichte, bringe dem Konsul einen weiteren Stimmen- und Machtzuwachs, lehnten sie die »lex Julia agraria« in Bausch und Bogen ab. Es dürfe nichts im Staat verändert werden, befand Cato apodiktisch. Als er deshalb in einer Sitzung wieder einmal zu einer Dauerrede anhob, um den Beschluss zu boykottieren, platzte Caesar der Kragen. Er ließ ihn abführen. »Aber auch so konnte er ihn nicht zum Schweigen bringen«, berichtet Plutarch in seiner Cato-Vita (Plut. Cat. 33). »Cato redete auf dem Weg in den Kerker weiter über das Gesetz und forderte die Bürger auf, solch einem Treiben in Rom ein Ende zu machen.« Auch ein Teil der Senatoren verließ die Kurie und gab ihm das Geleit. »Lieber will ich mit Cato im Gefängnis als mit dir hier zusammen sein«, giftete einer der Politiker Caesar im Vorbeigehen an. Der Konsul gab nach: Er beauftragte einen Volkstribun, gegen seine eigene Entscheidung Widerspruch einzulegen. Cato kam frei.

Diese Fundamentalopposition veranlasste Caesar, den Senat ganz auszuschalten. Er bedauerte, so Plutarch, dass man ihn wider seinen Willen zum Volk hintreibe, dass des Senates Übermut und Härte ihn zwängen, dort einen Rückhalt zu suchen.

Als es zur Volksabstimmung über das Ackergesetz kam, versuchte der optimatische Konsul Bibulus die Entscheidung zu verhindern. Doch sein Veto ging im Tumult unter. Die Anhänger Caesars verprügelten ihn, kippten Jauchekübel über seinem Kopf aus und zerbrachen die Rutenbündel (*fasces*) seiner Liktoren; der protestierende Cato wurde einfach weggetragen. Bibulus flüchtete und verließ sein Haus für den Rest seiner Amtszeit nicht mehr. Stattdessen beobachtete er täglich den Himmel, um Caesars Entscheidungen durch die Verkündung schlechter Vorzeichen sakralrechtlich als illegal zu brandmarken. Und er erklärte jeden Volksversammlungstag (Komitialtag) im Voraus zum Feiertag. Caesars weitere Arbeit begleitete er mit bissigen Kommentaren, die er täglich auf dem Forum anschlagen ließ.

So war jeder Konsens zerbrochen – der Julier amtierte allein. Einige Witzbolde, so berichtet Sueton, unterschrieben Verträge oder andere amtliche Dokumente jetzt nur noch mit den Worten »im Konsulatsjahr von Julius und Caesar«. Der Konsul brachte sein Ackergesetz durch und fügte gleich ein zweites hinzu, demzufolge das campanische Staatsland an 20 000 Bürger mit drei oder mehr Kindern verteilt werden sollte. Außerdem bestätigte er en bloc alle Anordnungen, die Pompeius im Osten des Reiches erlassen hatte. Seinen Finanzier Crassus stellte er ebenfalls zufrieden. Er erließ den Steuergesellschaften ein Drittel der Pachtsumme, die sie für die Ausbeutung der Provinz Asia an die Staatskasse hätten abführen müssen. Die Kurse ihrer Aktien (*partes*, Anteilsscheine) schossen daraufhin kräftig in die Höhe, was nicht nur Crassus, sondern vielleicht auch Caesar erfreute. Denn nun konnten die Wertpapiere mit Gewinn veräußert werden. Nachdem die Wünsche zweier Mitglieder des Triumvirats erfüllt worden waren, wollte der Konsul nicht zurückstehen. Sein Gefolgsmann, der gut bezahlte Volkstribun Publius Vatinius, brachte deshalb den Beschluss durch, Caesar im Anschluss an sein Amtsjahr die Provinzen Gallia Cisalpina (Oberitalien) und Illyricum (Ostküste der Adria) zuzusprechen. Das außerordentliche Kommando umfasste den Oberbefehl über drei Legionen und sollte fünf Jahre dauern. Auf Drängen des Pompeius fügte der Senat noch Gallia Narbonensis (Südfrankreich) mit einer weiteren Legion hinzu. Cato wetterte, »es sei unerträglich, dass die oberste Gewalt im Staate durch Hochzeiten verkuppelt werde und dass man sich durch Weiber Provinzen, Armeen und Ämter zuschanze« (Plut. Caes. 14). Sein Protest war berechtigt: Mittlerweile hatte der viel ältere Pompeius nämlich Caesars Tochter aus erster Ehe, Julia, zur Frau genommen und war so zu seinem Schwiegersohn geworden. Caesar selbst vermählte sich mit Calpurnia, der Tochter des Gaius Calpurnius Piso, der sich um das Konsulat des nächsten Jahres bewarb. Diese Familienbande sollten seine Interessen wahren in der Zeit, da er fern von Rom war.

Die zweite Hälfte von Caesars Amtszeit gestaltete sich weniger spektakulär. Er brachte ein Gesetzeswerk ein, das in hundert Paragrafen die Pflichten eines Provinzstatthalters regelte und so die schamlose Ausbeutung der Untertanen unterbinden sollte. Doch Caesar selbst war es, der diese Gesetze bald unterlaufen sollte.

Kaum neigte sich das Konsulatsjahr seinem Ende zu, erwachten Caesars Gegner aus ihrer Resignation. Zwei Praetoren brachten den Senat dazu, die Rechtmäßigkeit der Ackergesetze neu zu diskutieren, und ein Volkstribun wollte ihn vor Gericht zerren. Caesar wich den zu erwartenden Querelen einfach aus, indem er das Pomerium, die geheiligte Stadtgrenze, überschritt und so sein prokonsularisches Imperium antrat. Denn mit diesem Mandat in der Tasche genoss er Immunität. Er reiste jedoch nicht gleich in seine Provinzen ab, sondern harrte einige Wochen vor den Mauern Roms aus, um die innenpolitische Entwicklung zu beobachten. So bekam er noch mit, dass Clodius, der inzwischen sein Amt als Volkstribun angetreten hatte, ein Gesetz einbrachte, das jeden Magistrat mit Ächtung bedrohte, der einen Bürger ohne Beschluss der Volksversammlung töten ließ. Der große Redner Cicero, der

Henker der Catilinarier, ging daraufhin ins Exil. Auch Cato wurde aus Rom entfernt: Er erhielt auf Betreiben des Clodius den ehrenvollen Auftrag, Zypern als Provinz einzurichten. Damit waren die Symbolfiguren des konservativen Lagers kaltgestellt, die Stadt gehörte den Popularen.

Die Eroberung Galliens

Wir schreiben das Jahr 58 v. Chr. – Caesar beginnt seine Feldzüge in Gallien. Neun Jahre lang ist er fern von Rom.

Ende März zog Caesar seine Toga aus und legte den Brustpanzer an, den er kaum noch los wurde. Der Julier beschritt nun »in Leben und Wirken einen ganz neuen Weg«, stellte schon sein Biograf Plutarch fest: »Die Kriege, welche er von dieser Zeit an führte, die Feldzüge, in denen er das Land der Kelten unterwarf, machten klar, dass er als Krieger und Feldherr den gepriesensten und größten Heerführern ebenbürtig war« (Plut. Caes. 15). Den Anlass zum Eingreifen im Norden lieferten ihm die Helvetier. Sie hatten ihre Wohnorte in der heutigen Schweiz verlassen, um in das fruchtbare Südwestgallien auszuwandern und sich nahe der Atlantikküste anzusiedeln. Die bequemste Route dorthin führte durch die römische Provinz Gallia Narbonensis. Deshalb richteten sie an den Statthalter Caesar die Bitte, ihnen den friedlichen Durchzug zu gewähren. Der Julier erbat sich Bedenkzeit, hob zusätzlich zu den vier ihm unterstellten Legionen in Oberitalien zwei weitere aus – und verweigerte den Transit. Als sich die Helvetier abwandten, um unter Umgehung des römischen Hoheitsgebiets doch noch an ihr Ziel zu gelangen, folgte er ihnen, griff sie an und schlug sie. Von angeblich 368 000 Männern, Frauen, Kindern und Greisen sollen nur etwa 110 000 das Gemetzel überlebt haben (Caes. BG I, 29). Caesar zwang sie, in ihre Heimat zurückzukehren.

Kaum war dies vollendet, verschaffte ihm der mit Rom verbündete gallische Stamm der Häduer die nächste Gelegenheit, sich militärische Meriten zu erwerben. Sie klagten den Germanenfürsten Ariovist an, sie zu unterdrücken. Der stolze Häuptling hatte sich links des Rheins im heutigen Elsass eine eigene Herr-

schaft aufgebaut, forderte Tribut und Geiseln von den Nachbar-
völkern und holte immer wieder neue germanische Scharen über
den Fluss. Obwohl der Senat diesem »Barbaren« erst im Vorjahr
das Prädikat »Freund des römischen Volkes« verliehen hatte, mu-
tierte er nun zum Erzfeind. Caesar rückte gegen ihn vor. Als sich
Ariovist die Frechheit erlaubte, als gleichwertiger Partner mit dem
Prokonsul verhandeln zu wollen, riss diesem der Geduldsfaden.
Der Julier warf die Germanen in blutiger Schlacht über den Rhein
zurück. Ariovist konnte sich zwar retten, war aber ein für alle Mal
entmachtet.

In einem einzigen Jahr konnte Caesar zwei grandiose Siege
nach Rom melden. Und so ging es weiter. Ein Krieg gebar den
nächsten. In sieben Büchern (*Commentarii*) schilderte Caesar
52/51 seine Feldzüge, sein Begleiter Aulus Hirtius fügte ein achtes
hinzu. Diese Jahresberichte waren keine Rechtfertigungsschriften,
sondern eine Leistungsbilanz, die das Sozialprestige des Statthalters bei Senat und Volk mehren sollten. Sie bestehen aus einer
ununterbrochenen Kette von Verschwörungen, Eil- und Nachtmär-
schen, Schanzarbeiten, Scharmützeln, Belagerungen und Schlachten. Die Leser in Rom sollten ihn, den Meister der Taktik und Logistik, bewundern. Natürlich war die Zahl der Feinde über- und
die der eigenen Verluste untertrieben, und natürlich konstatierte
Caesar Vertragsbrüche nur bei seinen Gegenspielern. Aber das war
Usus. Römische Feldherren führten stets nur Verteidigungskriege
– zum Schutz der Bundesgenossen und bei Gefahr im Verzuge.

Es ist hier nicht der Platz, die militärischen Operationen des
Juliers in allen Einzelheiten darzulegen, deshalb nur so viel: Im
Jahre 57 besiegte er die Stämme in Belgien, 56 die Veneter in der
Bretagne, 55 massakrierte er einen Großteil der germanischen
Tenkterer und Usipeter, setzte zur Abschreckung auf einer Pio-
nier-Brücke über den Rhein und unternahm eine erste Expedition
nach Britannien. 54 folgte ein weiterer Versuch, die Insel zu er-
obern; Caesar kam zwar bis zur Themse, doch es gelang ihm
nicht, die Briten tributpflichtig zu machen. Jetzt regte sich erneut
Widerstand in Gallien. Freiheitskämpfer unter der Führung des
Eburonen-Fürsten Ambiorix vernichteten fünfzehn römische Kohorten.

Caesars Gegenschlag im Jahr 53 war gnadenlos: Die Devise
für das nun elf Legionen starke Heer lautete, die aufständischen
Eburonen als Strafe für das unerhörte Verbrechen mit Stumpf und
Stiel auszurotten (Caes. BG VI, 34). Und so geschah es. Noch einmal überquerte der Prokonsul auf einer rasch errichteten Holz-
brücke den Rhein, um Flüchtlingen den Rückweg ins freie Germa-
nien zu verlegen. Doch der letzte Erfolg blieb ihm versagt – es
gelang ihm trotz groß angelegter Fahndung nicht, Ambiorix gefangen zu nehmen.

Im Jahr 52 brach dann ein Sturm über Caesar herein, der ihn
beinahe den Kopf gekostet hätte. Mit dem Mut der Verzweiflung
bäumte sich ein Teil der keltischen Völker noch einmal auf. Der
Arverner-Häuptling Vercingetorix wollte offenbar nicht begreifen,
dass gegen Roms gut geölte Militärmaschinerie kein Kraut gewachsen war. Er sammelte ein Heer und setzte in der Folge auf
die Strategie der verbrannten Erde. Die Legionen sollten keine
Möglichkeit mehr haben, ihren Proviant aus dem Land zu requi-
rieren. Äcker, Gehöfte und ganze Dörfer gingen in Flammen auf.
Nach anfänglichen Erfolgen in der Gegenoffensive rannten sich
Caesars Truppen bei der Belagerung von Gergovia, dem Hauptort
der Arverner, regelrecht fest. Bei einem einzigen Sturmangriff auf
die Stadt verloren sie 46 Zenturionen (Hauptmänner) und siebenhundert Soldaten. Die Belagerung scheiterte; Roms treueste Verbündete, die Häduer, wendeten sich ab; der Nachschub blieb aus.
Caesar handelte. Ein Rückzug war unter seiner Würde. Er fiel mit
der römischen Armee ins Land der Senonen ein, plünderte dort
und stieß nach Alesia (heute Alise-St. Reine) vor, wo sich Vercingetorix mit angeblich 80 000 Mann verschanzt hatte. Den auf
einem Bergrücken liegenden Ort riegelte er mit einem doppelten
Belagerungswall ab. Auf der einen Seite hinderten die Palisaden
die Eingeschlossenen am Ausbruch, auf der anderen Seite konnten sich die Legionäre gegen das anrückende Entsatzheer verteidigen. Caesar hatte Glück. Er gewann den erbittert geführten
Zweifrontenkrieg. Vercingetorix kapitulierte. Sechs Jahre musste
er in Gefangenschaft verbringen. Nach Caesars Triumphzug wurde er in Rom erdrosselt.

Gallien zur Zeit der Eroberung durch Caesar

Gallien war ausgeblutet und verwüstet. Wer nicht dem Schwert zum Opfer gefallen war, starb in den kalten Wintern an Hunger und Erschöpfung. Die Verluste in der Zivilbevölkerung waren für antike Verhältnisse ungewöhnlich hoch. Plutarch listet auf, Caesar habe achthundert Städte im Sturm erobert, dreihundert Völkerschaften unterjocht und sich nach und nach mit drei Millionen Gegnern geschlagen; dabei habe eine Million den Tod im Kampf gefunden, eine zweite Million sei in Gefangenschaft geraten und in die Sklaverei verkauft worden (Plut. Caes. 15). Plinius d. Ä. (23/24 bis 79 n. Chr.) beziffert die getöteten Barbaren auf genau 1 192 000 (Plin. Nat. Hist. VII, 92). Bei einer Gesamtbevölkerung von schätzungsweise zehn Millionen Galliern lässt sich erahnen, mit welcher Brutalität dieser Krieg geführt wurde.

Wirtschaftlich hatte sich das Prokonsulat für Caesar zweifellos gelohnt. Der Julier habe in Gallien die mit Weihegeschenken gefüllten Tempel und Heiligtümer ausgeraubt, weiß Sueton, und fügt hinzu, manche Städte seien mehr um der Beute willen als wegen eines Vergehens geschleift worden (Suet. Caes. 54). Seinen eigenen Anteil setzte Caesar mit Blick auf die Zukunft Gewinn bringend ein. Er ging daran, die Hauptstadt durch den Neubau eines Forums für hundert Millionen Sesterzen verschönern zu lassen, bestach Senatoren und Ritter, versprach dem Volk Spiele und Festessen und gewährte nicht nur römischen Bürgern großzügige Darlehen, sondern auch Freigelassenen und Sklaven aus prominenten Haushalten, um sie an sich zu binden und als Fürsprecher zu gewinnen.

Der Schritt über den Rubikon

Wir schreiben das Jahr 49 v. Chr. – Caesar marschiert in Italien ein. Fünf Jahre Bürgerkrieg sind die Folge.

Eigentlich hätte Caesar spätestens mit Ablauf des Jahres 54 seine Provinzen abgeben müssen, denn die Statthalterschaft war auf fünf Jahre befristet gewesen. Um dies zu verhindern, rief er seine Triumvirats-Partner zu Beginn des Jahres 56 nach Oberitalien. Dort pflegte er sich während des Gallischen Kriegs meist in der winterlichen Feldzugspause aufzuhalten, um Recht zu sprechen und den üblichen Verwaltungskram zu erledigen. Crassus traf er in Ravenna, Pompeius in Luca. Der Historiker Plutarch berichtet von einer regelrechten Großkonferenz, zu der angeblich mehr als zweihundert Senatoren anreisten (Plut. Caes. 21). In den Verhandlungen einigten sich die drei Machthaber darauf, dass Pompeius und Crassus im Jahre 55 gemeinsam das Konsulat bekleiden und danach militärische Aufgaben in Spanien bzw. Syrien übernehmen sollten. Caesar erreichte die Verlängerung seines gallischen Kommandos mit der Maßgabe, der Senat dürfe vor dem 1. März 50 nicht über potenzielle Nachfolger verhandeln. Auf diese Weise wäre er republikanischer Tradition gemäß noch bis zum Jahresende 49 im Amt des Prokonsuls geblieben und hätte sich anschließend für 48 um sein zweites Konsulat in Rom bewerben können. Ausnahmsweise sollte die Kandidatur in Abwesenheit möglich sein.

Doch im Jahr 50 war die Lage in Rom plötzlich komplizierter, als von Caesar vorhergesehen. Durch den Tod Julias im September 54 waren die engen Familienbande zu Pompeius gerissen; Crassus hatte im Juni 53 Heer und Leben bei einer Schlacht gegen die Parther in Mesopotamien verloren, und der populare Politiker Clodius war im Januar 52 auf der Via Appia ermordet worden. Pompeius schwenkte daraufhin auf die Linie der Optimaten ein. Die konservativen Kreise Roms um Cato und Bibulus trachteten noch immer danach, den Julier für seine Rechtsbrüche während des Konsulats zur Verantwortung zu ziehen. Sie forderten Caesar deshalb auf, seine Legionen vorzeitig zu entlassen und als Privatmann in die Hauptstadt zurückzukehren. Dieser weigerte sich jedoch. Jedes Einlenken hätte seinen politischen Tod bedeutet. Fieberhafte Verhandlungen folgten, Vorschläge und Gegenvorschläge lösten einander ab, eine Senatssitzung jagte die andere, zwischen Oberitalien und Rom galoppierten die Kuriere hin und her. Cicero vermittelte in der Hoffnung auf einen friedlichen Ausgleich, während Caesars gekaufte Volkstribunen Marcus Antonius und Quintus Cassius Longinus, der Bruder seines späteren Mörders, mit allen verfassungsrechtlich erlaubten Mitteln die Ablösung ihres Brötchengebers zu verhindern suchten. Doch die Falken im Senat gingen nicht auf die Kompromissangebote des Juliers ein. Stattdessen jagten sie »seine« Tribunen aus dem Senat, riefen den Staatsnotstand aus, bestellten Pompeius zum Oberkommandierenden und erteilten ihm das Recht, in Italien 130 000 Soldaten auszuheben.

Caesar erfuhr von der Kriegserklärung wahrscheinlich am 10. Januar 49 in Ravenna. Mit einer gut gespielten Komödie täuschte er die Bevölkerung der Provinzstadt über die Wahnsinnstat hinweg, die er wohl schon länger geplant hatte. »Er zeigte sich den Tag über in der Öffentlichkeit und hielt sich bei den Gladiatoren auf, deren Übungen er als Zuschauer verfolgte. Gegen Abend begab er sich ins Bad und danach in den Speisesaal, wo er sich eine Weile mit den geladenen Gästen unterhielt. Als es dunkel wurde, stand er auf, verabschiedete sich mit freundlichen Worten von den Anwesenden und bat sie zu bleiben, da er bald zurückkommen werde. Einige seiner Freunde hatten schon vorher Weisung erhalten, ihm zu folgen, aber nicht alle zusammen, sondern jeder für sich. Indes bestieg er einen Mietwagen und fuhr zunächst in anderer Richtung, dann schlug er den Weg nach Ariminum ein. Als er an den Fluss gelangte, welcher die Grenze bildete zwischen der Gallischen Provinz diesseits der Alpen und dem eigentlichen Italien – er heißt Rubikon –, fiel er in tiefes Sinnen. Denn die furchtbare Entscheidung trat nun an ihn heran, und ihn schwindelte vor der Größe des Wagnisses. Er ließ den Wagen anhalten und erwog schweigend, in sich gekehrt noch einmal seinen Plan, prüfte ihn hin und her, fasste einen Entschluss und verwarf ihn wieder. Lange beriet er dann mit den Freunden in seinem Gefolge und sann dem Gedanken nach, wie viel Unglück über alle Menschen kommen müsse, wenn er den Fluss überschreite, und wie die Nachwelt wohl über ihn urteilen werde. Schließlich aber schob er in leidenschaftlicher Bewegung die Zweifel von sich und tat den Schritt in die Zukunft mit dem Wort, das schon so vielen über die Lippen gekommen ist, die einem ungewissen Schicksal und kühnen Wagnis entgegengingen: ›Der Würfel soll geworfen sein!‹« (Plut. Caes. 33). Dies geschah in der Nacht zum 12. Januar. Caesar hatte nicht mehr als fünftausend Mann und dreihundert Reiter bei sich, als er den Bürgerkrieg eröffnete. Doch er war fest davon überzeugt, die Gegner mit seiner Überrumpelungstaktik rasch ausmanövrieren zu können.

In Rom und in den Landstädten Italiens brach Panik aus. Pompeius, die beiden Konsuln und die meisten Senatoren flüchteten aus der Hauptstadt nach Capua, um sich vor dem heranrückenden Rebellen aus dem Norden in Sicherheit zu bringen. In ihrer Hektik rafften sie von ihrem Besitz an sich, was sie tragen konnten, mussten aber den Staatsschatz zurücklassen. Blitzschnell rückte Caesar mit seiner Truppe auf Corfinium zu. Dort hatte sich einer seiner Erzfeinde, Lucius Domitius Ahenobarbus, zusammen mit fünfzig Senatoren und Rittern sowie drei Legionen verbarrikadiert. Die Belagerung währte nicht lange. Die eingeschlossenen Kohorten liefen zu Caesar über, Domitius kapitulierte.

Jeder rechnete nun damit, dass Köpfe rollen würden. Der Julier jedoch hatte sich vorgenommen, nicht dem grausamen Beispiel Sullas zu folgen. Er ließ die Gefangenen frei und händigte Domitius sogar jene sechs Millionen Sesterzen aus, die dieser zur Bezahlung seiner Soldaten gebunkert hatte (Caes. BC I, 23). Der Begnadigte dankte es ihm schlecht. Er reiste schnurstracks zu Pompeius, um das Geld abzugeben und den Kampf wieder aufzunehmen. Caesar aber hatte durch diese Art der psychologischen Kriegsführung ein Signal gesetzt: Während seine Gegner all jene zu Feinden stempelten, die nicht für sie waren, machte er deutlich, dass es ihm nicht um Rache und Blutvergießen ging. In einem Brief an seine Gefolgsleute Oppius und Balbus formulierte Caesar zu Beginn des Jahres 49 programmatisch: »Mit Barmherzigkeit und Großmut wollen wir uns sichern; das sei unsere neue Art zu siegen« (Cic. Att. IX, 8 (7), C). Fortan eilte ihm der Ruf der Milde (*clementia*) voraus. Da aber Milde die Tugend eines Königs ist, war nicht jeder Pompeianer willens, sich ihr zu unterwerfen. Denn über den Verlust der Freiheit (*libertas*) konnte eine Begnadigung nicht hinwegtrösten.

Pompeius hatte sich inzwischen entschlossen, Italien zu räumen. Die Senatoren in seinem Tross reagierten mit Enttäuschung und Verbitterung. Hatte ihnen der große Feldherr kurz zuvor nicht erklärt, er brauche mit seinem Fuß nur auf den Erdboden zu stampfen, und es würden ganze Heerscharen daraus emporwachsen (App. BC II, 37)? Kühl entgegnete Pompeius seinen Kritikern, der Staat sei nicht dort zu finden, wo ihre Häuser stünden, sondern da, wo der Senat sei. Er wusste, dass er Caesars kampferprobten Truppen unterlegen war. Stattdessen hatte er bessere Chancen, wenn er die Ressourcen Asiens nutzte, wo er seit seiner Statthalterschaft über viele Anhänger verfügte. So begab er sich nach Brundisium (Brindisi) und setzte seine fünf frisch ausgehobenen Legionen auf Lastkähnen nach Albanien über. Caesar versuchte ihn noch aufzuhalten, kam aber trotz schweißtreibender Eilmärsche zu spät. Da ihm für eine Verfolgungsjagd die Schiffe fehlten, wandte er sich Rom zu. Den dort zurückgebliebenen Regierungsmitgliedern erklärte er, er sei nur deshalb in Waffen gekommen, um seine Ehre (*dignitas*) und die Rechte der von einer kleinen Adelsclique vertriebenen Volkstribunen zu wahren. Er bat die Zuhörer dringend, mit ihm zusammen die Landesleitung zu übernehmen, andernfalls werde er sie nicht weiter belästigen und die Republik allein lenken (Caes. BC I, 32). Im Anschluss daran plünderte er die Staatskasse im Saturntempel auf dem Forum.

Nach knapp acht Tagen Aufenthalt verließ er Rom. Sein Ziel war Spanien. Wollte er seine Feinde in Griechenland stellen, musste er erst die Bedrohung beseitigen, die von den dort stationierten sechs Legionen ausging. Denn sie standen unter dem Befehl pompeianischer Legaten. In knapp sechs Wochen hatte Caesar die Gefahr aus der Welt geschafft – ohne Entscheidungsschlacht, ohne großes Blutvergießen. Der Julier hatte die gegnerische Armee bei Ilerda in Nordspanien geschickt ausmanövriert und in eine solch bedenkliche Lage gebracht, dass die Soldaten aus Wassermangel kapitulierten. Auch die Stadt Massilia (Marseille), die Pompeius die Treue gehalten hatte, gab ihren Widerstand auf. Caesar kontrollierte den gesamten Westen des Reiches mit Spanien, Gallien, Sizilien, Sardinien und Italien. Nun konnte sich sein Blick nach Osten richten, wo sein Widersacher inzwischen elf Legionen und ein entsprechendes Aufgebot an Hilfstruppen versammelt hatte. Nach einem kurzen Zwischenspiel in Rom, wo er zum Konsul gekürt wurde, begab er sich zu seinen mittlerweile zwölf Legionen nach Brundisium. Weil die pompeianische Flotte die Adria beherrschte und Caesar über nicht genügend Transportkähne verfügte, konnte er am 4. Januar 48 nur sieben Legionen nach Epirus in Nordwestgriechenland bringen. Zu wenig, um den Gegner zu überwinden. In diesen Zusammenhang gehört die berühmte Episode, in der Caesar des Nachts inkognito in einem kleinen, mit einer zwölfköpfigen Crew bemannten Schnellsegler nach Italien zu gelangen versucht. Er wollte die noch fehlenden Truppen persönlich in Brundisium abholen. Doch ein Wintersturm und hohe Wellen warfen das Boot immer wieder zurück. Als die Seeleute nach verzweifeltem Rudern zur Umkehr drängten, lüftete der verkleidete Julier sein Geheimnis und machte dem Steuermann Mut: »Wirf dich nur mutig in den Wogenschwall; Caesar fährst du und sein Glück« (App. BC II, 57 [236]). Fortuna allerdings hatte gerade keine Zeit, alle Anstrengungen waren vergebens. Erst im April führte ihm Marcus Antonius den Rest der Truppen zu.

Am 9. August 48 kam es dann in der Ebene von Pharsalos zur Entscheidungsschlacht. Als sich die beiden Armeen gegenüberstanden, kommandierte Pompeius rund 50 000 Legionäre und 7 000 Reiter, während Caesar lediglich über 22 000 Mann und tausend Kavalleristen verfügte. Der Julier aber konnte solcherart Nachteil leicht ausgleichen: Seine Soldaten waren kampferprobt, ausdauernd, hoch motiviert – und er selbst war der bessere Taktiker. Am Ende des Tages bedeckten 15 000 gefallene Gegner das Schlachtfeld, 24 000 kapitulierten, der Rest flüchtete. Caesar dagegen hatte »nur« zweihundert Mann und dreißig Zenturionen verloren.

Angesichts des wütenden Gemetzels sah er sich nun doch gezwungen, sich gegenüber Rom und der Nachwelt zu rechtfertigen: »Sie haben es gewollt! Nach all meinen Taten wäre ich, Gaius Caesar, verurteilt worden, wenn ich nicht bei meinem Heer Hilfe geholt hätte«, soll er im Beisein seines Stabes gesagt haben (Suet. Caes. 30).

Pompeius dagegen warf den Feldherrnmantel ab, schwang sich aufs nächstbeste Pferd und galoppierte mit kleinem Gefolge davon. An Bord eines Getreidefrachters floh er aus Griechenland.

Sein Weg führte ihn über die Inseln Lesbos und Zypern an die ägyptische Küste, wo er bei Pelusion an Land gehen wollte. Unter Hinweis auf seine alte Freundschaft zum inzwischen verstorbenen König Ptolemäus XII. Auletes bat er dessen dreizehnjährigen Sohn um Asyl. Doch die Ratgeber des Knaben, der mit seiner Schwester Kleopatra VII. gerade um den Thron stritt, beschlossen seinen Tod. Einen Tag vor seinem 58. Geburtstag fiel er einem Meuchelmord zum Opfer.

Als Caesar, der den Feldherrn sofort verfolgt hatte, mit 3200 Legionssoldaten und achthundert Reitern in Alexandria eintraf, präsentierten ihm die Ägypter stolz das Haupt seines großen Widersachers. Der Julier aber, so berichten die Quellen, sei erschüttert gewesen: Unter Tränen nahm er den Siegelring des Pompeius entgegen. Sollten die Attentäter geglaubt haben, den Römer durch dieses grausige Gastgeschenk schnell wieder loszuwerden, so täuschten sie sich. Caesar erinnerte sich plötzlich daran, dass der alte Auletes ihm wegen diverser Gefälligkeiten noch 17,5 Millionen Denare schuldete, und wollte nun von dessen Kindern wenigstens zehn Millionen für seinen Heeresunterhalt erstattet haben (Plut. Caes. 48). Außerdem griff er zugunsten der einundzwanzigjährigen Kleopatra in den Thronstreit ein. Die Folgen dieses Engagements waren der Alexandrinische Krieg und eine Liebesgeschichte, die spätere Historiker irritierte und Dramatiker aller Epochen faszinierte. Appian von Alexandria fasste die Episode des Jahres 48/47 kurz und bündig zusammen: »Schließlich lieferte Caesar dem König [Ptolemäus XIII.] am Nil eine Schlacht, in der er einen entscheidenden Sieg errang. Und neun Monate vergingen ihm darüber, bis es ihm gelang, Kleopatra statt ihres Bruders zur Königin von Ägypten zu bestellen. Er befuhr nun den Nil mit vierhundert Schiffen, wobei er das Land zusammen mit Kleopatra besichtigte und sich auch sonst mit ihr vergnügte« (App. BC II, 90 [378]). Die romantische Erzählung von der Flussreise ist nach Ansicht der meisten modernen Historiker ein Märchen. Doch die Beziehung zu Kleopatra trug reiche Frucht: Am 6. September 47 erblickte Ptolemaios Caesar das Licht der Welt, Kaisarion genannt. Der Julier bestritt die Vaterschaft niemals, bestätigte sie testamentarisch aber ebenso wenig. Als Kleopatra den

Jungen gebar, hatte Caesar sie bereits verlassen. Er war unterwegs, um die Verhältnisse in Syrien zu ordnen. Gewissermaßen im Vorbeimarsch schlug er am 2. August 47 bei Zela die Truppen des Pharnakes, der die innerrömischen Konflikte hatte ausnutzen wollen, um das Großreich seines Vaters Mithridates wiederherzustellen. In lakonischer Kürze schrieb Caesar nach Rom: »Veni, vidi, vici« – »Ich kam, sah, siegte«.

Nun konnte sich der Julier, der für das Jahr 47 zum zweiten Mal zum Diktator und für 46 zum dritten Mal zum Konsul »gewählt« worden war, um die eigentlichen Krisenherde im Westen des Reiches kümmern. In Nordafrika hatten sich Caesars Gegner um Cato und den einstigen Konsul Metellus Scipio versammelt. Mit Unterstützung König Jubas von Numidien und durch den Zuzug ehemaliger Pompeianer nach der Schlacht von Pharsalos war es ihnen gelungen, vierzehn Legionen auf die Beine zu stellen. Caesar hatte nur sechs Legionen bei sich, als er nach kurzer Stippvisite in Rom von Sizilien nach Afrika übersetzte. Es entwickelte sich eine Art Stellungskrieg. Immer wieder gab es Probleme mit der Verpflegung. Den Pferden fütterte man sogar Seetang, mit Süßwasser abgespült und mit Gras vermischt (Plut. Caes. 52).

Ständige Rückschläge zermürbten die Truppe. Die monatelange Quälerei, der sich die Legionäre ausgesetzt sahen, entlud sich in der Entscheidungsschlacht bei Thapsus am 6. April 46 in einem hemmungslosen Blutrausch. Selbst diejenigen Feinde, die ihre Schwerter weggeworfen und sich ergeben hatten, wurden niedergehauen. Von 50 000 Gefallenen spricht Plutarch, von 80 000 will Appian wissen. Auch der Imperator selbst vergaß seine einst zum Programm erhobene Milde: »Einige der ehemaligen Senatoren und Praetoren, welche dem Gemetzel entronnen waren, gaben sich bei der Gefangennahme selber den Tod, eine große Zahl ließ Caesar hinrichten« (Plut. Caes. 53).

Cato, der in der Stadt Utica einen römischen Gegensenat eingesetzt hatte und dort von der vernichtenden Niederlage hörte, beging Selbstmord. Konsequent bis zum Letzten, entzog er sich der Gnade des Siegers, indem er sich einen Dolch in den Bauch stieß. Als ihn Ärzte vernähten, riss er die Wunde mit den Händen wieder auf und verblutete. Sein Sterben wurde zum Symbol der

verlorenen Republik. Verärgert rief Caesar: »Cato, ich gönne dir
diesen Tod nicht, denn du hast mir die Erhaltung deines Lebens
auch nicht gegönnt!« (Plut. Caes. 54). Märtyrer sind gefährliche
Gesellen, das wusste der Diktator.

Noch immer war der Krieg nicht zu Ende. Denn die Söhne des
großen Pompeius, Gnaeus und Sextus, konnten sich von Afrika
ins südliche Spanien retten. In dieser Provinz, die einst ihrem Vater unterstanden hatte, fanden sich noch viele Freunde und Klienten. Die beiden nutzten ihre Beziehungen und stellten dreizehn
Legionen auf. So musste Caesar im November des Jahres 46 erneut ins Feld rücken. Wieder war er kräftemäßig im Nachteil, weil
er nur acht Legionen ins Feld führen konnte. Und wieder galt es,
Versorgungsengpässe zu meistern. Doch seine Erfahrung wog alles auf. Nach etlichen Monaten des Sondierens war es dann am
17. März 45 so weit. Bei Munda (Montilla) südöstlich von Cordu-
ba (Córdoba) schlug Caesar seine letzte Schlacht. Und sie wurde
erbittert geführt, denn nach Thapsus wussten alle, dass sich des
Imperators Barmherzigkeit ins Nichts verflüchtigt hatte. Caesar
brauchte seine ganze Überzeugungskraft, um die wankenden Reihen zu motivieren. Laut Plutarch schrie er die eigenen Legionäre
an, sie sollten sich schämen, »ihn solchen Knaben in die Hände zu
liefern. Es kostete ihn schwere Mühe und tapfersten Einsatz, bis
er endlich die Feinde zurückwerfen konnte. Über 30 000 wurden
niedergemacht, aber auch Caesar verlor tausend seiner besten
Leute. Als er das Schlachtfeld verließ, sagte er zu seinen Freunden, er habe schon oft um den Sieg, aber heute zum ersten Mal
um sein Leben gestritten« (Plut. Caes. 56). Sogar den Selbstmord
will er ins Kalkül gezogen haben. Es kam anders: Gnaeus Pompeius verlor seinen Kopf. Dessen jüngerer Bruder Sextus entwischte.

Die Größe seiner Siege und die Höhe der Blutschuld machten
es Caesar unmöglich, in die Reihen seiner Standesgenossen zurückzukehren. Als Herr über 39 Legionen mit 200 000 Mann hatte
er die kleinkarierten Normen der Republik zu verachten gelernt –
und er begegnete der langatmigen Kompromisssuche der Magistrate Roms mit kaum verhohlener Ungeduld. »Die Verfassung ist
ein Nichts«, ließ er die Öffentlichkeit wissen, »nur ein Name ohne

Körper und Gestalt« (Suet. Caes. 77). Was nichts anderes heißen sollte als:»Der Staat bin ich.«

Auf dem Gipfel der Macht

Wir schreiben das Jahr 45 v. Chr. – Caesar beendet mit dem Sieg von Munda den Bürgerkrieg und ist nun unangefochten der Herr Roms.

Caesar feierte und ließ sich feiern. Schon im Oktober des Jahres 46 hatte er sich vier große Triumphzüge genehmigt: Er zelebrierte den Sieg über Gallien und Vercingetorix, den über Ägypten und Ptolemaios, den über Pontos und König Pharnakes sowie den über Afrika und König Juba. Geschickt vermied er es, Namen wie Pompeius, Cato oder Scipio ins Spiel zu bringen. Der Tod römischer Bürger bot kaum Anlass zu Freudenfesten. Die Bevölkerung der Hauptstadt staunte ob der Prachtentfaltung – und schien trotzdem bedrückt. Als Caesar ein Jahr später den spanischen Krieg beendet hatte, kannte er keine Mäßigung mehr.»Dass er sich den Triumph auch nach diesem Feldzug nicht versagte, empfanden die Römer als bitterste Kränkung«, berichtet Plutarch.»Er hatte ja nicht fremdländische Heerführer oder Barbarenkönige überwunden, sondern Söhne und Geschlecht desjenigen Römers ausgerottet, welcher der Beste seines Volkes gewesen war und die Tücke des Schicksals erfahren hatte. Es zeugte von wenig Edelmut, dass er jetzt über das Unglück des Vaterlandes triumphierte und sich mit Taten brüstete, für die es vor Göttern und Menschen nur eine Rechtfertigung gab: dass die Not ihn dazu gezwungen!« (Plut. Caes. 56).

Nur einer wagte es offenbar, dem neuen Herrn Roms seinen Unmut offen zu zeigen. Als Caesar auf seinem Triumphwagen an den Bänken der Volkstribunen vorbeidefilierte, blieb Pontius Aquila störrisch sitzen, während alle anderen sich erhoben. Unwillig fuhr Caesar ihn an:»So fordere doch du, Tribun Aquila, den Staat aus meiner Hand zurück!« Der Protest dieses Mannes verärgerte den Julier so, dass er etliche Tage lang jedem Versprechen, das er gab, die Einschränkung hinzufügte:»Wenn es mir mit Erlaubnis des Pontius Aquila möglich ist!« (Suet. Caes. 78).

Im Bemühen, das Wohlwollen der Skeptiker zu gewinnen und das seiner Anhänger zu erhalten, setzte Caesar auf Geld, Brot, Spiele, Ämter und Ehren.»Jedem Soldaten der Veteranenlegionen gab er aus der Beute zu den zu Beginn des Bürgerkrieges ausbezahlten 2000 Sesterzen weitere 24 000«, berichtet Sueton.»Er teilte ihnen auch Grundstücke zu, die aber nicht alle zusammenhingen, um nicht die alten Besitzer vertreiben zu müssen. Das Volk erhielt außer zehn Scheffeln Getreide und ebenso viel Pfund Öl dreihundert Sesterzen pro Kopf, die er ihm einst versprochen hatte; dazu noch hundert als Entschädigung für die verspätete Auszahlung. Auch bezahlte er allen eine Jahresmiete, in Rom bis zum Betrag von zweitausend Sesterzen, in Italien bis zu fünfhundert. Ferner veranstaltete er ein öffentliches Festmahl und eine Fleischverteilung und nach seinem Sieg in Spanien zwei öffentliche Speisungen; da er nämlich der Ansicht war, die erste sei zu mager und nicht seiner Großzügigkeit entsprechend ausgefallen, ließ er vier Tage später eine zweite, außergewöhnlich reichliche servieren. Es gab auch Spiele verschiedenster Art: ein Gladiatorenspiel, Theateraufführungen – diese sogar quartierweise in der ganzen Stadt, und zwar durch Schauspieler aller Sprachen –, ebenso Zirkusvorführungen, Wettkämpfe von Athleten und eine Seeschlacht. (...) Zu all diesen Schaustellungen war von allen Seiten eine solche Menschenmenge herbeigeströmt, dass die meisten Fremden in Zelten auf Straßen und Plätzen übernachten mussten; und verschiedentlich wurden Leute im Gedränge erdrückt oder ohnmächtig, unter ihnen auch zwei Senatoren« (Suet. Caes. 38 ff.).

Die Hoffnung der meisten Römer auf einen generellen Schuldenerlass erfüllte er allerdings nicht, denn damit hätte er sich sämtliche reichen Gläubiger zu Feinden gemacht. Stattdessen traf er eine Verfügung, in deren Folge die Schuldscheine fast ein Viertel ihres Wertes verloren (Suet. Caes. 42). Um zu verhindern, dass immer mehr Landflüchtige, Arbeitslose und Arme in die Hauptstadt drängten, schränkte er die Zahl der Empfänger kostenlosen Getreides von 320 000 auf 150 000 ein. Das allerdings konnte nur gelingen, weil er gleichzeitig 80 000 Bürger auf überseeische Kolonien verteilte und die reichen Viehzüchter in Italien per Gesetz verpflichtete, »mindestens ein Drittel erwachsene Freigeborene unter ihren Hirten« zu beschäftigen (Suet. Caes. 41). Durch das Verbot bestimmter Vereine (*collegia*) entmündigte er die *plebs urbana* endgültig. Im Gegenzug sorgte er für gesundheits- und bildungspolitische Verbesserungen: Er verlieh allen Ärzten und Lehrern der freien Künste, die zumeist aus dem griechischen Sprachraum kamen, volles Bürgerrecht. Sie sollten künftig in Rom praktizieren und unterrichten.

Zeitgleich ging er daran, die Fundamente zu unterminieren, auf denen die Republik ruhte: Magistratur, Senat und Volksversammlung. Das Konsulat, das einst höchste Ehren verhieß, entwertete er selbst. Zwischen 49 und 44 bekleidete er es viermal; Ähnliches war in Notzeiten schon öfter passiert. Es war auch nichts Besonderes, als er sich 45 zum Konsul ohne Kollegen kürte; schon Pompeius durfte dieses Privileg kurzzeitig genießen. Dass er jedoch im Oktober einfach zurücktrat und mit Quintus Fabius Maximus und Gaius Trebonius zwei Gefolgsleute auf diesen Posten beförderte, war ein unerhörter Affront. Das Amt, nach dem so viele Adlige gierten, wurde an Speichellecker verschachert! Um all jene zufriedenzustellen, die ihm treu und ergeben gedient hatten, musste Caesar indes noch weiter gehen: Er vermehrte die Zahl der Praetoren auf sechzehn, die der Quaestoren auf vierzig. Und:»Er nahm ferner eine gewaltige Zahl neuer Mitglieder in den Senat auf, ohne einen Unterschied zu machen, ob jemand Soldat oder Sohn eines Freigelassenen war, sodass die Senatoren insgesamt bis auf neunhundert stiegen« (Cass. Dio, 43, 47, 3).

Ein so bunt zusammengewürfeltes Gremium aus Provinzialen, Zenturionen, Abkömmlingen aus dem Sklavenstand und »Halbbarbaren gallischer Abstammung« (Suet. Caes. 76) war politisch kaum arbeitsfähig. Cicero, der sich während des Bürgerkriegs relativ ruhig verhalten und danach hoffnungsvoll Caesar angenähert hatte, rückte wieder von ihm ab. Er klagte darüber, bei Sitzungen kein bekanntes Gesicht mehr zu sehen, und lästerte, es sei leichter, in Rom Ratsherr zu werden als in Pompeji. Selbst das Volk trieb seinen Schabernack mit den zugereisten Nachwuchspolitikern. Da die Fremden sich in der Hauptstadt nicht auskannten und die Kurie nicht fanden, tauchten an den Hauswänden plötzlich Plakate auf mit den Worten: »Zur Kenntnisnahme! Keiner darf einem neuen Senator den Weg zum Rathaus zeigen!« In den Gassen sang man Spottlieder über die keltischen Bauerngesichter, die einst Hosen, nun aber die purpurgestreifte Toga trugen (Suet. Caes. 80). Das alles konnte Caesar nicht anfechten. Kritische Bemerkungen wischte er mit dem Hinweis zur Seite, er würde auch Wegelagerer und Raubmörder belohnen, falls er ihre Hilfe zur Verteidigung seiner Stellung in Anspruch nähme.

Große Leistungen erfordern große Belohnungen. Da Caesars Wünsche nicht immer offen zutage lagen, beschloss der Senat in vorauseilendem Gehorsam eine Unzahl von Würdigungen, die in ihrer Fülle mehr als grotesk wirkten. Wie ein warmer Platzregen ergossen sie sich über das Haupt des neuen Herrschers. Da er fast alles freudig akzeptierte, kam jedes vernünftige Maß abhanden. Am harmlosesten erscheinen noch die Titel, die man ihm beilegte. Die militärische Ehrenbezeichnung »Imperator« wurde zum erblichen Namensbestandteil; er durfte sich »Liberator« (Befreier) und »Pater oder Parens Patriae« (Vater des Vaterlandes) nennen und sich als »Jupiter Julius« ansprechen lassen. Auf allen Plätzen, in vielen Tempeln und in den Provinzen wurden Statuen seiner Wenigkeit aufgestellt. Caesars Bildnis im Heiligtum des Romulus/ Quirinus zierte die Weihinschrift »Deo Invicto« – dem unbesiegten Gott. Auf dem Kapitol stand er in einer Reihe mit den alten Königen Roms und mit Brutus, dem legendären Begründer der Republik. Bei der feierlichen Prozession der Götterbilder vor den Pferderennen im Zirkus (*pompa circensis*) musste künftig eine Caesarstatue aus Elfenbein mitgeführt werden. Durch den Bau und die Weihe eines Clementia-Tempels sollte seiner Milde ein ewiges Denkmal gesetzt werden, die Errichtung eines Tempels der Concordia die neue Eintracht der Bürger beschwören. Seinen Geburtstag erklärte man zum Staatsfeiertag, der Monat Quintilis wurde in Julius umbenannt, ein Wahlbezirk (*tribus*) erhielt seinen Namen, und ihm wurde ein eigener Priester (*flamen*) zugestanden, der Marcus Antonius hieß. Der Senat gestattete ihm, das königliche Ornat anzuziehen und bei Sitzungen auf einem goldenen

Sessel zwischen den Konsuln Platz zu nehmen. Mit dem größten Vergnügen dürfte er jedoch das Vorrecht entgegengenommen haben, stets einen Lorbeerkranz zu tragen – denn darunter konnte er seine Stirnglatze geschickt verbergen.

Wichtiger aber als diese Ehrungen, die ihn in eine sakrale Sphäre erhoben, wurden für Caesar jene Ämter und Funktionen, die seine verfassungsrechtliche Stellung definierten. Der Wechsel zwischen Konsulat und Diktatur war wenig befriedigend. Nach seiner Rückkehr aus Afrika war ihm 46 die Diktatur für zehn Jahre zugesprochen worden, doch weil es sich dabei um zehn einzelne Jahresdiktaturen handelte, musste er das Amt immer wieder abgeben und neu antreten – ein umständliches Verfahren, wie wohl nicht nur Caesar befand. Nach dem Sieg von Munda im Jahre 45 entschied der Senat, ihm die Diktatur auf Lebenszeit zu verleihen, die er dann allerdings erst im Februar 44 antrat.

Das Konsulat bekleidete er deshalb zunächst weiter. Caesar war alleiniger Oberbefehlshaber des Heeres, er hatte die Verfügungsgewalt über die Staatsfinanzen und durfte sein Konterfei auf Münzen prägen lassen. Als *praefectus morum* war er zuständig für die Sittengesetzgebung und die Kontrolle des Lebenswandels der Senatoren – eine Befugnis, die einstmals nur den Censoren zugestanden hatte. Zudem wurde ihm die Unantastbarkeit (*sacrosanctitas*) der Volkstribunen gewährt. Er durfte als Erster in der Kurie das Wort ergreifen, alle Magistrate mussten beim Amtsantritt den Eid ablegen, seine Verfügungen anzuerkennen, und die künftigen Regierungshandlungen Caesars galten in ihrer Gesamtheit von vornherein als sanktioniert. Die Machtfülle, die der Diktator damit auf sich vereinigte, entsprach der eines Königs – allein, ihm fehlte der Titel. Die Bezeichnung »Rex« stand bei der alten aristokratischen Oberschicht – und nicht nur bei dieser – seit den Anfängen der Republik in Misskredit. Deshalb ließ Caesar Vorsicht walten, lotete jedoch seine Chancen aus. Wie aufmerksam die Nobilität und das Volk das Verhalten des Alleinherrschers beobachteten, wie empfindlich sie auf Tabubrüche reagierten, das illustrieren drei Vorfälle aus den letzten Lebenswochen Caesars: Sie gaben der Opposition Auftrieb und den Verschwörern den Anstoß zu handeln.

Ende des Jahres 45 hatte der Senat in Abwesenheit Caesars wieder einmal eine ganze Reihe von Ehrendekreten verabschiedet. Angeführt von den Konsuln und Magistraten, zogen die Mitglieder des Gremiums in feierlicher Prozession vom Rathaus zum neuen Tempel der Venus Genetrix, um dem designierten Diktator auf Lebenszeit ihre Beschlüsse zu verkünden. Caesar thronte im Vorraum und begutachtete die Architektenpläne für das Forum Julium. Als sich der Zug näherte, stand er nicht etwa auf, wie es sich geziemt hätte, nein, er blieb demonstrativ sitzen. Plutarch berichtet, er habe die Würdenträger wie gewöhnliche Bürger abgefertigt mit der Antwort, sie täten besser daran, die Ehrungen einzuschränken, statt sie ständig zu vermehren. »Die Senatoren fühlten sich durch diese Behandlung gekränkt und mit ihnen das Volk, denn im Senat schien die ganze Stadt beschimpft zu sein« (Plut. Caes. 60). Irritiert und aufs Tiefste verletzt löste sich die Versammlung sofort auf. »Als Caesar der Wirkung seines Verhaltens inne wurde, machte auch er sich auf den Weg nach Hause, riss sich das Gewand vom Hals und schrie seinen Freunden zu, er sei bereit, die Kehle hinzuhalten; wer Lust habe, solle zustoßen« (ebd.). Später ließ er verbreiten, er sei krank gewesen und habe sich deshalb nicht erheben können. Während Plutarch mutmaßt, die Unpässlichkeit des Juliers habe mit seiner Epilepsie zu tun gehabt, berichtet Cassius Dio boshaft, Caesar habe »infolge Durchfalls seinen Leib nicht unter Kontrolle gehabt« und sei sitzen geblieben, »um es nicht zu einer Entleerung kommen zu lassen« (Cass. Dio 44, 8, 3). Andere wiederum wollten wissen, sein Sekretär Cornelius Balbus habe ihn zurückgehalten mit den Worten: »Vergiss nicht, dass du Caesar bist und verlangen darfst, dass man dich als höheres Wesen verehrt« (Plut. Caes. 60, Suet. Caes. 78). Wie dem auch sei, der verheerende Eindruck, den der designierte Diktator hinterließ, gab allen Gerüchten Nahrung, er strebe nach dem Königtum.

In den ersten Wochen des Jahres 44 spitzte sich die Situation weiter zu. Unbekannte hatten eine Caesarstatue neben der Rednertribüne am Forum mit einem Diadem geschmückt – der um einen Lorbeerkranz gewundenen weißen Binde der hellenistischen Monarchen. Die Volkstribunen Epidius Marullus und Caese-

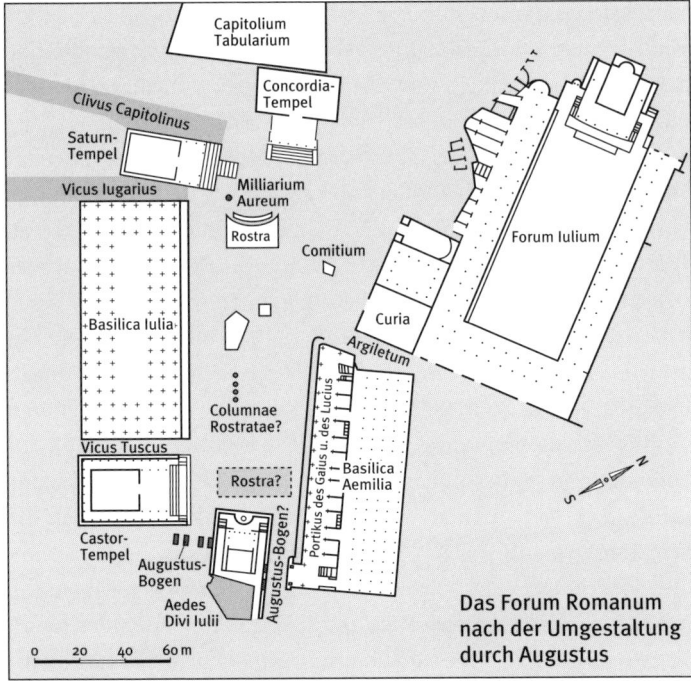

Das Forum Romanum
nach der Umgestaltung
durch Augustus

tius Flavus ließen das Herrschaftszeichen sogleich entfernen mit
dem Hinweis, der Julier bedürfe seiner nicht. Kurze Zeit später,
am 26. Januar 44, kehrte Caesar vom Albanerberg zurück, wo er
das Staatsopfer aus Anlass eines alten latinischen Bundesfestes
zelebriert hatte. Als er in Rom einritt, wurde er von einigen Bürgern mit Königsrufen begrüßt. Schlagfertig entgegnete er, sein
Name sei Caesar und nicht Rex.»Stille folgte diesem Wort, er aber
ging finster und ungnädig vorüber« (Plut. Caes. 60).

Erneut griffen die beiden Volkstribunen ein. Sie ließen unter
Beifall den erstbesten dieser Claqueure ins Gefängnis abführen.
Als sie ihm jedoch den Prozess machen wollten, reagierte Caesar
empört. Er warf Marullus und Flavus vor, ihm mit solcherart In-
szenierungen geschickt das Odium aufbürden zu wollen, dass er
nach der Tyrannis strebe. Die erschrockenen Tribunen veröffentlichten daraufhin ein Edikt mit dem Tenor, die Freiheit ihrer Amts-
führung sei aufs Äußerste gefährdet. Nun war aus einer Mücke
sprichwörtlich ein Elefant geworden. Caesars Prestige stand auf

dem Spiel. Er berief umgehend den Senat ein, erhob Anklage gegen die zwei Widerspenstigen, erwirkte ihre Absetzung und ließ sie aus der Liste der Ratsmitglieder streichen. Der Groll gegen ihn wuchs.

Am 15. Februar – Caesar hatte gerade das Amt des *dictator perpetuo* angetreten – gab es den nächsten Eklat. An diesem Tag wurden die sogenannten Lupercalia gefeiert, ein altes Fruchtbarkeits- und Reinigungsfest zu Ehren des Hirtengottes Faunus.»Viele junge Patrizier, ja selbst Magistratspersonen laufen dabei nackt durch die Straßen der Stadt, und unter Scherz und Gelächter schlagen sie mit ihren zottigen Fellen nach allen, welche ihnen in den Weg kommen«, erzählt Plutarch. »Auch viele vornehme Frauen treten ihnen dann absichtlich entgegen und strecken den Schlägen wie ein Schulkind beide Hände hin im zuversichtlichen Glauben, dass der Streich den Schwangeren leichte Geburt, den Kinderlosen Fruchtbarkeit verleihe. Angetan mit den Insignien des Triumphators saß Caesar auf der Rednerbühne auf goldenem Sessel, um sich den Festzug anzusehen. Auch Antonius, welcher damals Konsul war, nahm teil an dem heiligen Lauf. Als er aufs Forum kam und die Menge ehrerbietig vor ihm auseinander wich, streckte er Caesar ein lorbeerumkränztes Diadem entgegen. Man hörte Händeklatschen, das aber dünn und schwächlich klang; denn es rührte von ein paar wenigen Leuten her, welche dazu bestellt worden waren. Als aber Caesar das Diadem zurückwies, brauste ihm der Jubel des ganzen Volkes entgegen. Noch einmal reichte ihm Antonius die Königsbinde dar, wiederum regten sich nur wenige Hände. Caesar schlug sie zum zweiten Male aus – und begeisterter Beifall wurde ihm zuteil. Da der Versuch so kläglich gescheitert war, stand Caesar auf und gebot, den Kranz aufs Kapitol zu bringen« (Plut. Caes. 61). Laut Cassius Dio sagte er: »Jupiter allein möge König der Römer sein!« Und er ließ in die Fasti, den Amts- und Festtagskalender der Republik, eintragen, Konsul Marcus Antonius habe ihm auf Befehl des Volkes die Königswürde offeriert, er aber habe sie verweigert (Cass. Dio 44, 11, 3).

Damals wie heute sind sich die Historiker uneins, wie dieser seltsame Vorgang zu bewerten ist. Hatte Caesar gemeinsam mit Antonius das Drehbuch für die provozierende Szene entworfen, um auszutesten, ob das Volk einen Monarchen akzeptieren würde? Oder hatte er mit der demonstrativen Ablehnung des Diadems in der Öffentlichkeit kundtun wollen, dass er entgegen allen Gerüchten, die seine Gegner streuten, keineswegs nach der Krone verlange? Handelte Antonius vielleicht auf eigene Faust, und wenn ja, warum? Wollte er den Diktator bloßstellen oder ihm schmeicheln? Cicero jedenfalls konnte später behaupten, der Auftritt des Antonius beim Luperkalienfest habe Caesars Schicksal besiegelt. Die Aktion des Konsuls geriet zum Signal für die Verschwörer, endlich zur Tat zu schreiten. Denn in diesem Moment dürfte allen endgültig klar geworden sein, dass seiner unumschränkten Machtposition im Staate nur noch die richtige Titulatur fehlte. Sueton zitiert Caesar mit den Worten, Sulla sei ein politischer Analphabet gewesen, weil er die Diktatur niederlegte; die Menschen müssten von jetzt an überlegter mit ihm sprechen und seine Worte wie Gesetze achten (Suet. Caes. 77). Unverhohlener konnte ein Autokrat seine Ansprüche nicht formulieren, selbst wenn er sich nicht als »Rex« bezeichnete.

Was Wunder, dass in der Giftküche Roms jetzt jedes Geschwätz dankbare Zuhörer fand. So munkelte man, der Imperator »wolle nach Alexandria oder Troja gehen und (...) zugleich die Schätze des Reiches dorthin überführen«. Selbst der Umstand, dass Caesar am 18. März mit sechzehn Legionen, 10 000 Reitern und zahlreichen Auxiliartruppen der Bundesgenossen aufbrechen wollte, um im Osten das Königreich der Parther zu zerschlagen und die Niederlage des ehemaligen Triumvirn Crassus zu rächen, führte zu wilden Spekulationen. Im Volk kursierte das Gerücht, man habe in den Sibyllinischen Büchern einen Spruch gefunden, demzufolge allein ein König die Parther bezwingen könne. Deshalb wolle Lucius Cotta, ein entfernter Verwandter Caesars, am 15. März im Senat den Antrag einbringen, man müsse den Diktator zum König ernennen – natürlich nicht für Rom, sondern nur für die Provinzen. Zwar soll Caesar diesen Vorschlag mit Blick auf die schlechte Stimmung in der Stadt abgelehnt haben. Das änderte jedoch nichts daran, dass seine Tage gezählt waren.

+++ Anatomie eines Mordes +++

Das Maß war voll. Als Caesar am 15. Februar 44 v. Chr. die unbefristete Diktatur übernahm, ließ er die Maske fallen. Die Tyrannis erhob unverhüllt ihr Haupt. Der Imperator hatte gar nicht mehr vor, seine Sondervollmachten irgendwann wieder abzulegen. Selbst den Wohlmeinenden unter den Senatoren wurde nun schlagartig klar, dass der Traum von der Wiederherstellung der alten Republik geplatzt war. Wollte die Opposition in Rom nicht alle Hoffnung fahren lassen, dann gab es nur einen Weg: Der Alleinherrscher musste von der politischen Bildfläche verschwinden. Und zwar so schnell wie möglich. Denn schon am 18. März wollte Caesar zum Feldzug gegen die Parther aufbrechen. Umringt von seinen Soldaten, wäre jedes Attentat auf ihn einem Selbstmordkommando gleichgekommen.

Die Täter

Der Kreis der Verschwörer war ungewöhnlich groß. Die Überlieferung berichtet von sechzig bis achtzig Mitwissern, von denen zwanzig noch heute namentlich bekannt sind. Dass ihr Mordplan in einer Stadt wie Rom, in der jedes Gerücht sogleich Flügel bekam, nicht ruchbar wurde, grenzt an ein Wunder, zumal der Zirkel sehr heterogen zusammengesetzt war. In ihm trafen sich hasserfüllte Pompeianer und enttäuschte Caesarianer, Idealisten und Neider, Verlierer und Gewinner des Bürgerkriegs. Was sie jedoch einte, war ihre wilde Entschlossenheit, das selbstherrliche Schalten und Walten eines einzelnen Aristokraten ein für alle Mal zu beenden. Nikolaos von Damaskus – geboren im Jahre 64 v. Chr. – liefert in seiner Augustus-Biografie einen ausführlichen Bericht über die Attentäter und ihre Beweggründe, der allerdings die offizielle Sichtweise von Caesars Adoptivsohn spiegelt. In dieser einseitigen Deutung des Geschehens lenkten keine hehren Motive die Mörder Caesars, nur niedere Instinkte trieben sie zur Tat – Machtstreben, Gewinnsucht und purer Hass.

»Die einen hatten die Hoffnung, wenn sie ihn aus dem Weg geräumt hätten, selbst Anführer an seiner Stelle zu werden; die anderen waren erbittert über das im Krieg erlittene Leid – dass ihre Verwandten umgekommen seien und dass sie Geld oder ihre Ämter in der Stadt eingebüßt hätten –, verhehlten aber die Ursachen ihres Zorns und schützten ehrenwerte Gründe vor, dass sie nämlich unzufrieden seien mit der Herrschaft eines Mannes und dass ihr Ziel eine politische Ordnung auf der Grundlage der Gleichberechtigung sei«, schreibt Nikolaos. Die früheren Freunde seien Caesar nicht mehr wohlgesinnt gewesen, »da sie sahen, dass die alten Gegner, die er geschont hatte, genauso geehrt wurden wie sie selbst«. Und die einstigen Feinde, die er nach dem Bürgerkrieg begnadigte, hätten ihre Dankbarkeit ebenfalls allzu schnell vergessen: Sie erinnerten sich nicht mehr an das Gute, »das sie nach ihrer Rettung erfahren hatten, sondern sie dachten an den Besitz, den sie durch die Niederlage verloren hatten, und wurden darüber erbittert. Viele hassten ihn, obwohl er sich ihnen gegenüber doch tadellos verhalten hatte, auch deshalb, weil sie von ihm gerettet worden waren; gerade der Umstand, dasjenige dankbar annehmen zu müssen, was ihnen als Sieger im Überfluss zur Verfügung gestanden hätte, wühlte heftig in ihren Herzen und betrübte sie«. Auch etliche Soldaten und Offiziere, so der zeitgenössische Historiker und Augustus-Freund, seien frustriert gewesen. Sie beklagten, »dass in das alte Heer auch Besiegte aufgenommen worden seien und den gleichen Sold erhielten«.

Der aktive Kern des Widerstands bestand aus Mitgliedern der einstmals mächtigen Adelsfamilien, die das freie Spiel der Kräfte im Konkurrenzkampf um Ämter und Würden durch Caesars Dominanz ausgehebelt sahen. Sie, die noch immer verbissen am Ideal der Gleichheit aller aristokratischen Standesgenossen festhielten, konnten es auf Dauer nicht zulassen, dass ein Einzelner ihnen Ämter und Würden zuteilte – gleichsam als Belohnung für ihr Wohlverhalten. Aristokratischer Stolz setzte sich gegen quasimonarchische Willkür zur Wehr. Die *nobiles* trachteten danach, Herren zu sein, wie es sich für einen echten Römer gebührte. Nicht nur eingefleischte Republikaner fanden ihre schlimmsten Befürchtungen bestätigt, auch die Anhänger des Diktators, die zuvor keinerlei Bedenken gehabt hatten, in seinem Kielwasser Karriere zu machen, schreckten plötzlich auf: Zwar hatten sie von Caesar Geld, Güter und Posten erhalten, doch an der Spitze angekommen, rieben sie sich verwundert die Augen, denn es gab keinen Spielraum mehr, um politisch unabhängig zu agieren und sein Ansehen durch eigene Taten zu mehren. Sie waren dazu verdammt, sich ihren Lohn künftig durch Gehorsam zu verdienen.

In der Darstellung des Nikolaos deutet sich an, dass die Verschwörer, die sich über Parteigrenzen hinweg gefunden hatten, auf eine breite Unterstützung aus allen sozialen Schichten hofften. Sie glaubten, in der städtischen Bevölkerung Roms eine ebenso starke anticaesarische Stimmung registriert zu haben wie bei den Legionen des Imperators. Doch diese Rechnung ging nicht auf, wie der spätere Gang der Ereignisse zeigte. Trotzdem: Das Handeln der Attentäter erscheint vor dem Horizont der Erfahrungen aus den zurückliegenden hundert Jahren nur konsequent. Wann immer die Optimaten ihre popularen Gegner mit Schwertern, Dolchen oder Knüppeln aus dem Weg geräumt hatten, waren ihre Geschäfte in den gewohnten Bahnen weitergelaufen, hatte sich der Führungsanspruch des Senats bestätigt. Der Staat hatte bereits viele Revolten überstanden – nicht unbeschadet, aber unbezwungen. Warum sollte das ausgerechnet im Falle Caesars anders sein?

Die Rädelsführer

Zwei Namen sind mit dem Komplott gegen Caesar bis heute untrennbar verbunden: Brutus und Cassius. Bei aller Unterschiedlichkeit im Charakter hatten sie viele Gemeinsamkeiten. Sie waren verschwägert, stammten aus angesehenen plebejischen Geschlechtern, zählten regelrechte Tyrannenhasser zu ihren Urahnen und hatten zusammen auf der Seite des Pompeius gegen Caesar gekämpft.

Der Initiator des Mordanschlags war Gaius Cassius Longinus. Historisch ist seine Sippe seit der Mitte des 3. Jahrhunderts für uns greifbar. Wie alle Adelsfamilien hatten sich auch die Cassier einen Stammbaum gezimmert, der bis in die Frühzeit Roms hinabreichte. Zu ihren Vorfahren soll ein gewisser Spurius Cassius Vecellinus gehört haben, der 502, 493 und 486 v. Chr. das Konsulat bekleidete. Wie die Legende nicht ganz zweifelsfrei berichtet, strebte dieser Mann nach dem Königtum, wurde jedoch – sobald er sein letztes Amt niedergelegt hatte – verurteilt und hingerichtet. Der eigene Vater soll den Prozess gegen ihn veranlasst haben: Er führte zu Hause die Untersuchung durch, ließ den Sohn auspeitschen und töten; aus dem Besitz des zum Tode Verurteilten wurde der Göttin Ceres in Rom ein Standbild geweiht (Liv. II, 41). Cicero kannte dieses nette, antimonarchische Märchen: »Ein Gaius Cassius ist in einer Familie geboren, die nicht einmal die Vormachtstellung, geschweige denn die Alleinherrschaft eines Einzelnen ertragen konnte«, lobt er ihn nach Caesars Ermordung (Cic. Phil. II, 26).

Der Grieche Plutarch beurteilt Cassius allerdings nüchterner: Er sei ein Hitzkopf gewesen, der weniger die Tyrannei gehasst habe als vielmehr Caesar selbst. Als Legat hatte er im Jahre 53 v. Chr. am Partherfeldzug des Konsuls Marcus Licinius Crassus teilgenommen, war der Niederlage bei Carrhae entkommen und hatte in den Jahren 52 bis 51 die Provinz Syrien erfolgreich gegen den Feind aus dem Osten verteidigt. Damals erwarb er sich den Ruf eines hervorragenden Soldaten. Im Bürgerkrieg focht er auf Seiten des Pompeius, ging nach der Schlacht bei Pharsalos widerwillig zu Caesar über und wurde auf Brutus' Bitte hin begnadigt.

Doch mit seiner Karriere war es zunächst vorbei. Caesar ernannte ihn zwar zum General, der sogar an den Stabsberatungen teilhaben durfte, doch eine bedeutende Rolle spielte er in den Jahren 47 und 46 nicht. Sein brennender Ehrgeiz blieb unbefriedigt. Schon drei Jahre vor den Iden des März 44 soll er in Kilikien an der Mündung des Flusses Kydnos einen Anschlag auf Caesar geplant haben. Damals ging der Feldherr jedoch nicht an der Stelle an Land, wo Cassius im Hinterhalt lag, sondern am jenseitigen Ufer (Cic. Phil. II, 26).

Die Frustration des Cassius wuchs noch, als Caesar ihm für das Jahr 44 »nur« das Amt des *praetor peregrinus* verlieh, des Richters, der die Streitfälle zwischen Bürgern und Ausländern zu regeln hatte. Den in Rom weitaus angeseheneren Titel des *praetor urbanus*, der die Rechtsangelegenheiten der Vollbürger bearbeiten durfte, erhielt Marcus Junius Brutus, jener Mann, der sich nur wenig später zum moralischen Aushängeschild der Verschwörer stilisieren ließ. Diese Entscheidung Caesars war wie so oft vor allem persönlichen Neigungen geschuldet: Immerhin war Brutus' Mutter Servilia lange seine Geliebte gewesen – und in Roms Gassen kursierte deshalb gar die boshafte Latrinenparole, Brutus sei sein Sohn. »Die besseren Gründe hat zwar Cassius, aber man muss doch Brutus den Vorzug geben«, befand Caesar in typischer Basta-Mentalität (Plut. Brut. 7).

Noch in einem weiteren Punkt förderte der Diktator seinen Schützling: Er sah ihn als Konsul für 41 vor, während er Cassius für das Jahr 43 »bloß« ein prokonsularisches Imperium in der Provinz Syrien zusprach. Ein Kommando in der Etappe des bevorstehenden Partherkrieges und im Schatten des großen Juliers aber war alles andere als erstrebenswert. So zeigte also Cassius weniger »Dankbarkeit für das, was er bekam, als Zorn dessentwegen, was ihm versagt wurde« (Plut. Brut. 7).

Wer war dieser Brutus, der Caesar offenbar so beeindruckte, dass er seinen Offizieren vor der Schlacht von Pharsalos sogar befahl, sein Leben zu schonen? Denn ebenso wie Cassius galt er der Öffentlichkeit von seiner Familiengeschichte her eigentlich als Musterbeispiel eines Republikaners. Im Jahre 85 v. Chr. geboren, gehörte er einem Geschlecht an, das Ende des 4. Jahrhunderts den Übergang in den inneren Kreis der Macht geschafft hatte – 325 v. Chr. wurde einer der ihren Konsul und durfte sich damit zur Nobilität zählen. Besonderen Glanz verdankten die Junier aber dem Umstand, dass sie im Ruf standen, die Nachfahren jenes berühmten Lucius Junius Brutus zu sein, der im Jahre 509 den letzten König Roms vertrieben hatte. Auch mütterlicherseits berief sich Brutus auf einen Mann, der das republikanische Selbstverständnis in seiner reinsten Form verkörperte: Sein Urahn Servilius Ahala soll im Jahre 439 einen gewissen Spurius Maelius erschlagen haben, der nach Alleinherrschaft strebte (Liv. IV, 14). Als ob das noch nicht genügte, war Brutus auch noch der Neffe des Caesar-Gegners Cato und in dessen strengem Hause nach alter Sitte erzogen worden.

Solcherart von Kindesbeinen an geprägt, erschien es nur natürlich, dass er sich im Bürgerkrieg auf die Seite der Optimaten schlug. Doch dürfte dieser Schritt für ihn mehr als unangenehm gewesen sein: Denn Pompeius, der Verteidiger der Republik, hatte im Jahre 77 v. Chr. seinen Vater, einen ehemaligen Volkstribun, umbringen lassen. Es muss Brutus große Überwindung gekostet haben, seine Abneigung zu unterdrücken. »Er hielt es für seine Pflicht, das öffentliche Interesse höher zu stellen als das persönliche«, begründet Plutarch das ungewöhnliche Verhalten seines Protagonisten. Brutus habe sich dem »Feldherrn des Vaterlandes« untergeordnet, obwohl er ihn als Feind der Familie betrachtete und bei Begegnungen keines Grußes würdigte (Plut. Brut. 4). Bis zur Schlacht von Pharsalos gelang es ihm jedoch, wenigstens die unmittelbare Umgebung des Pompeius zu meiden. Ständig in der Nähe dieses Mörders zu sein, wäre unerträglich gewesen. So fiel ihm der Frontwechsel nach der Niederlage vermutlich nicht allzu schwer. Ende 47 belohnte der Diktator den Überläufer, indem er ihn als Statthalter in die Provinz Gallia Cisalpina (Oberitalien) entsandte – eine besondere Ehre für einen Mann, der bisher weder die Praetur noch das Konsulat bekleidet hatte.

Brutus bewährte sich als Statthalter. Und er richtete sich im Staat Caesars ein. Ihn deshalb zum puren Opportunisten zu stempeln, wäre verfehlt. Ständig wechselnde Bündnisse zwischen den herrschenden Adelsfamilien gehörten zum Alltag römischer Regierungspraxis. Ein Aristokrat war in erster Linie sich selbst verpflichtet, dem Ansehen und der Würde seiner Familie. An zweiter Stelle hatte er die Wünsche seiner Freunde, Verwandten, Bekannten und Klienten zu berücksichtigen. Erst an dritter Position folgte das Wohl der *res publica*. Insofern verhielt Brutus sich nicht anders als viele seiner Standesgenossen. Er machte jedoch aus seiner optimatischen Gesinnung kein Hehl. Aus ihm war trotz der empfangenen Wohltaten (*beneficia*) kein überzeugter Caesarianer geworden. Im Gegenteil: Er verteidigte unerschrocken den Galaterfürsten Deiotarus, der auf der Seite des Pompeius gestanden hatte; er besuchte demonstrativ den Caesarfeind Marcus Marcellus im Exil auf der Insel Lesbos; er übernahm die politische Verantwortung für eine Gedenkschrift Ciceros zu Ehren des toten Cato, die Caesar maßlos ärgerte; und er schickte Anfang Juli 45 seiner Frau Claudia den Scheidungsbrief, um Porcia, die Tochter Catos und Witwe von Caesars konsularischem Widersacher Bibulus zu heiraten. All diese republikanischen Signale wurden in Kreisen der *nobiles* sehr wohl verstanden. Selbst der Diktator erkannte das: »Was dieser junge Mann will, weiß ich nicht; aber alles, was er will, das will er mit Nachdruck«, sagte Caesar zu Freunden (Plut. Brut. 6). Brutus lotete seinen Spielraum unter den gegebenen Machtverhältnissen aus. Solange er tun und lassen konnte, was ihm beliebte, gab es keinen Grund, mit dem neuen Herrn Roms zu brechen. »Tatsächlich scheint es, dass er mit Sicherheit der erste Mann in der Stadt geworden wäre, wenn er es noch eine kurze Zeit ertragen hätte, der zweite hinter Caesar zu sein«, kommentiert Plutarch.

Doch als Caesar sein Amt als *dictator perpetuo* antrat, änderte sich alles. Der Widerstandskreis um Cassius drängte zur Tat – und er wollte Brutus als Symbol der Freiheit in seinen Reihen wissen. »Als Cassius seine Freunde ausforschte, wie sie über einen Anschlag auf Caesar dächten, zeigten sich alle bereit, wenn Brutus die Führung übernähme«, berichtet Plutarch glaubwürdig. »Denn das Unternehmen erfordere (...) das Ansehen eines Mannes, wie er es sei, der gleichsam den Anstoß gebe und allein durch seine Beteiligung die Gerechtigkeit der Sache verbürge.« Brutus jedoch war nicht so leicht von der Notwendigkeit eines Attentats zu überzeugen. Fast täglich fand er, wenn er sein Praetorenamt auf dem Forum wahrnehmen wollte, Zettel auf dem Richterstuhl mit Aufschriften wie »Brutus, Du schläfst!« oder »Du bist kein echter Brutus!« Er pflegte sie zu ignorieren. Bis Cassius auf ihn zutrat, den alten Zwist mit ihm um die Praetur zu den Akten legte, die Freundschaft erneuerte und ihn an die glorreiche Vergangenheit seiner Familie erinnerte. Brutus wurde zum Haupt der Verschwörung. Mit ihm an der Spitze gewannen die Umstürzler an Zulauf.

Brutus und Cassius repräsentierten in diesem Widerstandskreis die Nobilität, Decimus Junius Brutus Albinus und Gaius Trebonius die unzufriedenen Caesarianer. Genauso alt wie sein Namensvetter, galt Decimus Brutus als ein treuer Anhänger des Diktators, der sich im Gallischen Krieg vor allem in den Kämpfen gegen die Veneter und gegen Vercingetorix ausgezeichnet hatte. Im Bürgerkrieg bewährte er sich als Flottenkommandeur bei der Belagerung von Massilia, verwaltete zwischen 48 und 46 die Provinz Gallia Transalpina, wurde 45 Praetor, 44 Statthalter von Gallia Cisalpina und für das Jahr 42 zum Konsul designiert. Caesar brachte ihm so viel Vertrauen entgegen, dass er ihn in seinem Testament sogar als Ersatzerben einsetzte. Was Decimus veranlasst haben könnte, seinem Herrn und Meister ziemlich abrupt den Rücken zu kehren, muss Spekulation bleiben. Distanzierte er sich von seinem Mentor, weil Caesar immer eigenwilliger an Senat und Volk vorbeiregierte? Oder rechnete er einfach mit einer besseren Zukunftsperspektive für sich, wenn der Diktator beseitigt war? Wie dem auch sei, die eingefleischten Caesarianer und das Volk sahen in ihm nach dem Attentat bald einen der verwerflichsten Akteure der Verschwörung, weil er das Vertrauen des Juliers schamlos missbraucht hatte.

Gaius Trebonius dagegen, ein Freund Ciceros, zählte von Anfang an zum Lager der Republikaner. Gleichwohl verdankte er seinen Aufstieg dem Diktator. Er hatte als Volkstribun 55 v. Chr. jenes umstrittene Gesetz durchgebracht, das Caesars Statthalterschaft in Gallien um fünf Jahre verlängerte, und war dafür mit einer Legatenstelle belohnt worden. Danach kämpfte er im Gallischen Krieg und im Bürgerkrieg, bekam im Jahre 48 die städtische Praetur und übernahm 47 die unruhige Provinz Hispania ulterior. Wahrscheinlich knüpfte er bereits im Jahre 46, als Caesar den spanischen Feldzug gegen die Pompeius-Söhne leitete, erste Kontakte zur Opposition. Das jedenfalls legt eine Passage bei Plutarch nahe, in der dieser berichtet, Trebonius habe schon im Spätsommer 45 versucht, Antonius in ein Komplott einzubeziehen. Dieser sei darauf nicht eingegangen, habe aber über die Unterredung geschwiegen (Plut. Ant. 13). Als Caesar am 1. Oktober 45 freiwillig das Konsulat niederlegte, berief er Trebonius zum Nachfolger. Obgleich dieser davon profitierte, dürfte er das Verhalten des Diktators als unerhörten Regelverstoß eingestuft haben: Niemals zuvor hatte ein Konsul einfach die höchste Magistratur wie eine zerrissene Toga abgelegt. Richtig wütend machte ihn jedoch der Umstand, dass Caesar am Jahresende für einen einzigen Tag noch rasch einen Konsul nachwählen ließ, weil Trebonius' Kollege Fabius Maximus plötzlich verstorben war. Die Würde des obersten Staatsamtes wurde durch diese Farce mit Füßen getreten! Ungeachtet der Tatsache, dass Caesar ihn für das Jahr 43 zum Prokonsul für Asien nominierte, schloss sich Trebonius den Verschwörern um Brutus und Cassius an.

Die beiden Anführer des Komplotts hatten in den Wochen seit Mitte Februar eifrig die Werbetrommel für ihre Sache gerührt und – natürlich in aller gebotenen Vorsicht – ihren Bekanntenkreis nach möglichen Verbündeten durchforstet. Dabei gewannen sie weitere Komplizen: die Caesarianer Servius Sulpicius Galba, Lucius Minucius Basilus und Lucius Tillius Cimber sowie die Republikaner Rubrius Ruga, Quintus Ligarius, Lucius Pontius Aquila und Publius Servilius Casca nebst dessen Bruder. Dass die Attentäter den Erz-Republikaner Cicero nicht informierten, scheint nur auf den ersten Blick verwunderlich. Für ihre Pläne seien »tapfere, wagemutige Männer und Verächter des Todes« nötig, berichtet Plutarch und fährt fort: »Daher hielten sie auch die Sache vor Cicero geheim (...) in der Besorgnis, er möchte vermöge seiner ängstlichen Natur, zu der noch die durch seine Jahre herbeigeführte greisenhafte Bedenklichkeit trat (...), den Schwung ihres Mutes lähmen.«

Der Plan

Bisher hatten sich die Verschwörer immer nur zu zweit oder zu dritt bei Besuchen in ihren Privathäusern getroffen und allzu vertrauliche Begegnungen in der Öffentlichkeit vermieden. Als sie jedoch genügend Gesinnungsgenossen um sich geschart hatten und es für unklug hielten, noch weitere Teilnehmer in ihr riskantes Unternehmen einzuweihen, beriefen sie erstmals eine gemeinsame Versammlung ein. Das Ziel war klar: Caesar musste sterben. Sein Leichnam, so berichtet Sueton (Caes. 82), sollte – wie es einem Tyrannen gebührte – durch die Gassen Roms geschleift und in den Tiber geworfen werden. Außerdem wollten die »Befreier« seine Güter konfiszieren und alle seine Anordnungen für ungültig erklären lassen.

Unklar waren allerdings Ort und Zeitpunkt des Attentats. Einige schlugen vor, ihn auf der Via Sacra zu ermorden, auf der er häufig unterwegs war, weil er dort seine Wohnung hatte, berichtet Nikolaos von Damaskus: »Andere wollten ihn während der Wahlen angreifen, wenn er bei der Besetzung der Ämter auf dem (Mars-)Feld vor der Stadt über eine bestimmte Brücke gehen musste; dabei teilten sie die Tat durch das Los so unter sich auf, dass die einen ihn von der Brücke stoßen und die anderen herbeistürmen und ihn töten sollten. Wieder andere wollten ihn während der Abhaltung von Gladiatorenspielen umbringen, die gerade bevorstanden, wo der Anblick von bereitgestellten Waffen wegen der Spiele unverdächtig sein würde« (Nic. Dam. Aug. XXIII, 81). Die meisten aber sprachen sich dafür aus, ihn in einer Senatssitzung niederzustechen. Das Kalkül dabei: Erstens werde Caesar an einem so geheiligten Ort wie der Kurie am wenigsten mit einem Anschlag rechnen; zweitens müsse der größte Teil seines Gefolges vor den Rathaustüren warten; drittens könne man in den Behältern für die Schriftstücke leicht Dolche und Schwerter in den Raum schmuggeln; und viertens würden sich die nicht eingeweihten Senatoren, sobald sie die heldenhafte Tat sähen, umso entschlossener an der Beseitigung des Alleinherrschers beteiligen. In der Frage des geeigneten Zeitpunkts kam den Verschwörern der Zufall zu Hilfe. Drei Tage vor seinem Abmarsch aus Rom, an den Iden des März, beraumte der Diktator eine Sitzung in der Kurie des Pompeius an, um vor dem Partherfeldzug noch letzte offene Fragen zu klären.

Etliche Verschwörer – darunter auch der zupackende, skrupellose Cassius – plädierten nach Ausweis der Quellen dafür, Antonius und Caesars Reiterführer Lepidus gleich mit über die Klinge springen zu lassen. Antonius sei Caesars mächtigster Freund, genieße im Heer größtes Ansehen und sei ein ungestümer, gewalttätiger Bursche, von dem niemand wissen könne, wie er sich nach dem Anschlag verhalten werde. Lepidus dagegen befehligte als designierter Statthalter von Gallia Narbonensis und Hispania Citerior die einzige vor Roms Toren stehende Legion. Würde man diese beiden Männer aus dem Wege räumen, wären Brutus und Cassius als Praetoren die ranghöchsten Magistrate in der Stadt und hätten nichts zu befürchten. Brutus widersetzte sich dieser Absicht: Er betonte, »allein der Tod Caesars werde ihnen den Ruhm von Tyrannenmördern einbringen, da sie einen König töteten; mordeten sie hingegen auch dessen Freunde, kämen sie als Parteigänger des Pompeius nur in den Ruf persönlicher Feinde« (Appian, BC II, 114). Brutus wollte »fest auf dem Boden des Rechts bleiben« und hegte die Hoffnung, »dass Antonius sich wandeln könnte. Denn er zweifelte nicht daran, dass ein so hochbegabter, ehrgeiziger und ruhmbegieriger Mann, wenn erst Caesar aus der Welt geschafft wäre, sich durch ihr Beispiel für die gute Sache gewinnen lassen und mit Hand anlegen würde, dem Vaterlande die Freiheit wiederzugeben« (Plut. Brut. 18). Die Schonung des Antonius war vom Standpunkt der Optimaten aus gesehen ein Fehler. Zwei Monate nach den Iden des März klagte Cicero in einem Brief an seinen Freund Atticus: »Gewiss, Mannesmut haben wir bewiesen, aber, glaub's nur, Kinderverstand. Gekappt ist der Baum, aber nicht mit der Wurzel ausgerodet« (Cic. Att. XV, 6 [4]).

Das Opfer

Caesar selbst trug erheblich dazu bei, das Risiko der Verschwörer zu verringern. Er verzichtete auf jede Art von Personenschutz. Als er im Herbst des Jahres 45 v. Chr. vom Feldzug gegen die Pompeius-Söhne nach Rom heimgekehrt war, entließ er demonstrativ seine spanischen Leibkohorten. Mit dieser symbolischen Geste signalisierte er aller Welt, dass der Bürgerkrieg für ihn beendet und er gewillt sei, innerhalb der geheiligten Stadtgrenze auf bewaffnete Kräfte zu verzichten. Das Angebot des Senats, ihm eine Garde aus Senatoren und Rittern zur Verfügung zu stellen, schlug er aus. Nur ein Despot hätte sich von einer solchen Eskorte begleiten lassen!

Dabei wusste Caesar sehr wohl, dass ihm gewisse optimatische Politiker unversöhnlich gegenüberstanden. Immer wieder tauchten Schmähschriften oder bösartige Gedichte in der literarisch gebildeten Oberschicht auf. Auch Gerüchte über konspirative Treffen wurden ihm zahlreich zugetragen. Er selbst lehnte es jedoch ab, die Opposition bespitzeln zu lassen. Aufgedeckte Verschwörungen und nächtliche Zusammenkünfte wurden, so Sueton, »nicht weiter verfolgt, sondern er zeigte nur mittels eines Edikts an, dass sie ihm bekannt geworden seien« (Suet. Caes. 75). Als man ihm die Nachricht zuspielte, Antonius und der fünfundzwanzigjährige Nachwuchspolitiker Publius Cornelius Dolabella würden ein Komplott schmieden, lachte er nur: »Vor diesen wohlbeleibten Herren mit dem üppigen Haar ist mir nicht bange, eher vor den mageren, blassen«, zitiert ihn Plutarch und fährt fort: »Er meinte Cassius und Brutus.« Und als später einige Leute Brutus verdächtigten, befand Caesar, auf sich deutend und offenbar in Anspielung auf sein Alter wie auf seinen angegriffenen Gesundheitszustand: »Wie denn? Glaubt ihr, dass Brutus nicht auf dieses Stückchen Fleisch wird warten wollen?«

Es ist seltsam, dass Caesar all diese Hinweise nur mit einem Achselzucken quittierte. In der Vergangenheit hatte er Gefahren nie auf die leichte Schulter genommen. War er in Gedanken so mit dem bevorstehenden Partherkrieg beschäftigt, dass ihn nichts anderes mehr interessierte? Hatte er sich durch die Vielzahl außerordentlicher Ehrungen derart blenden lassen, dass er sich in trügerischer Sicherheit wähnte? Fühlte er sich wirklich durch die Unverletzlichkeit des Volkstribunen und den weihevollen Titel »Vater des Vaterlandes« vor jedem Anschlag geschützt? Oder war es ganz einfach die Arroganz des scheinbar Allmächtigen, die den Kriechern, Heuchlern und Schmeichlern des Senats keinerlei mutiges und entschlossenes Handeln mehr zutraute? Vermutlich steckt in jeder dieser Annahmen ein Korn Wahrheit. Der an allen Fronten siegreiche Feldherr hatte die Bodenhaftung verloren.

Seine Nachlässigkeit in Sicherheitsfragen stellte auch schon die antiken Historiker und Biografen vor ein Rätsel. Die überzeugendste Erklärung bietet Sueton. Ihm zufolge betonte Caesar stets, »es sei nicht so sehr in seinem Interesse als dem des Staates, dass er am Leben bleibe; er habe schon lange den Gipfel der Macht und des Ruhms erreicht; falls ihm etwas zustoßen sollte, werde der Staat nicht in Ruhe bleiben können, sondern nur noch schlimmere Bürgerkriege erleben« (Suet. Caes. 86). Eine hellsichtige Prognose. Der Diktator machte dabei nur einen kleinen Fehler: Er glaubte tatsächlich, seine Feinde müssten bei nüchterner Überlegung ebenfalls zu dieser Erkenntnis gelangen.

Das Attentat

Als Caesar am Morgen des 15. März aus dem Bett kroch, litt er unter einem ausgewachsenen Kater. Am Abend zuvor war er mit seinem »Freund« Decimus Brutus Albinus im Hause seines Reiteroberstens (*magister equitum*) Marcus Aemilius Lepidus zum Abendessen eingeladen gewesen. Während des Mahls unterschrieb er, wie es seine Art war, bei Tisch einige Briefe und Verfügungen, danach ging man zum gemütlicheren Teil über, und es kreisten die Becher (Cass. Dio 115, 479). Gerade weil Caesar sonst wenig Wein zu trinken pflegte (Suet. Caes. 53), dürfte der Alkohol bei ihm seine Wirkung nicht verfehlt haben. Jedenfalls, so will es die postum verbreitete Legende, kam in der lockeren Runde das Gespräch auf die Frage, welcher Tod der beste sei. Spontan soll der Diktator geantwortet haben: »Der plötzliche, unerwartete!« Für die Nachwelt war klar, dass er damit unwissentlich sein eigenes Ende ankündigte. Doch es darf auch darüber spekuliert werden, ob ihm nicht einer der unbekannten Diskussionsteilnehmer einen versteckten Hinweis auf das Attentat hatte geben wollen. Sollte dem so gewesen sein, verstand Caesar den Fingerzeig nicht. Nur bei Decimus Brutus Albinus wird sich der Pulsschlag in diesem Moment kurzfristig erhöht haben.

»In der Nacht nach dem Trinkgelage erlitt Caesar einen Schwächeanfall«, konstatiert der kaiserzeitliche Geschichtsschreiber Cassius Dio nüchtern. Es war überhaupt eine unruhige Nacht mit beunruhigenden Vorzeichen. Der Diktator hatte sich »wie sonst an der Seite seiner Gattin zur Ruhe gelegt«, schildert Plutarch: »Miteins sprangen alle Türen und Fenster des Schlafgemachs auf, und als er emporfuhr, erschrocken ob dem Geräusch und dem hell ins Zimmer fallenden Mondschein, nahm er wahr, wie Calpurnia in tiefem Schlaf unverständliche Worte und abgerissene Seufzer ausstieß. Ihr träumte, sie weine über ihren Gemahl, den sie ermordet in den Armen halte. Man erzählt diesen Traum auch in anderer Form. An Caesars Haus war, wie Livius berichtet, auf Senatsbeschluss ein Firstschmuck [ähnlich dem Giebel eines Tempels] angebracht worden als Zierde und zum Zeichen der Würde. Ihn sah Calpurnia im Traum herabgerissen und brach darüber in Klagen und Tränen aus« (Plut. Caes. 63). Auch Caesar selbst blieb von mehrdeutigen Traumgesichten nicht verschont: Er sah sich »bisweilen über den Wolken schweben und dann wieder Jupiter die Rechte reichen« (Suet. Caes. 81). Als es Tag geworden, flehte Calpurnia ihren Ehemann an, »zu Hause zu bleiben, wenn es irgend angine, und die Senatssitzung zu verschieben«, berichtet Plutarch weiter. Wenn er schon »ihren Träumen keine Bedeutung zumesse, so solle er doch durch ein anderes Zeichen und durch Opfer sich Rat holen über die Zukunft. Da beschlichen, wie es scheint, auch ihn Argwohn und Sorge. Denn noch nie hatte er bis jetzt an Calpurnia jene abergläubische Angst bemerkt, wie sie den

Frauen sonst eigen ist, und jetzt sah er sie ganz außer sich vor Erregung. Als ihm dann selbst die Seher nach vielen Opfern verkündeten, dass sie nur Zeichen von unglücklicher Vorbedeutung beobachtet hätten, entschloss er sich, die Sitzung durch Antonius absagen zu lassen« (Plut. Caes. 63).

Unterdessen bemühten sich die Verschwörer, den Schein der Normalität in ihrem Tagesablauf aufrechtzuerhalten. Marcus Brutus hatte, den Dolch im Gewande, das Haus verlassen, um auf dem Forum wie gewöhnlich Rechtsangelegenheiten zu bearbeiten. Die übrigen Attentäter hatten sich bei Cassius getroffen, um ihn und seinen Sohn zum Marktplatz zu geleiten, wo der Junior erstmals im Rahmen einer religiösen Feier die Männertoga (*toga virilis*) anlegen durfte und so die Bürgerrechte eines Erwachsenen erwarb. Auch Cassius ging im Anschluss an diese Zeremonie seinen Amtsgeschäften nach. Der Biograf Plutarch attestiert den beiden Männern bewundernd eiserne Selbstbeherrschung und eine kaltblütige »Festigkeit im Angesicht der Gefahr«. Nach den Gerichtsverhandlungen begaben sich alle zur Kurie des Pompeius, wo sich schon eine erkleckliche Zahl von Senatoren zusammengefunden hatte.

Dort wurde ihre Geduld indes auf eine harte Probe gestellt. Der Diktator tauchte nicht auf. Stattdessen trat ein Bekannter auf Publius Servilius Casca zu, fasste ihn bei der Hand und meinte: »Du hast mir, wiewohl ich dein Freund bin, nichts gesagt, Brutus hingegen hat mir alles mitgeteilt.« Casca dürfte vor Schreck kreidebleich geworden sein. Beinahe hätte er, die Doppeldeutigkeit dieser Worte missverstehend, alles verraten. Der nächste Satz indes entspannte die Situation: »Woher bist du denn plötzlich so reich geworden, mein Teurer, dass du dich um das Aedilenamt bewerben willst?« (Plut. Brut. 15, Appian BC 115 [483]). Wenige Minuten später mussten Brutus und Cassius jedoch tatsächlich bestürzt zur Kenntnis nehmen, dass einer aus ihren Reihen geplaudert hatte. Der Senator Popilius Laenas flüsterte ihnen bei der Begrüßung zu: »Ich wünsche euch von Herzen, dass ihr das durchführt, was ihr im Sinne habt, und ich rate euch, nicht zu zögern; denn die Sache ist kein Geheimnis mehr.«

Gelähmt, entsetzt, irritiert – so standen die Verschwörer vor der Kurie. In diesem Augenblick kam zu allem Übel auch noch ein Bote zu Brutus gerannt und teilte ihm aufgeregt mit, seine Frau Porcia liege im Sterben. Sie, die einzige Frau, die in den Attentatsplan eingeweiht war, hatte dem psychischen Druck nicht mehr standgehalten und war im Kreise ihrer Dienerinnen bewusstlos zusammengebrochen: »... alle Farbe schwand aus ihrem Gesicht, und die Sprache war völlig fort«, so Plutarch (Brut. 15). Obschon ihn die Nachricht in Sorge versetzte, bewahrte Brutus kühlen Kopf. Gefühle waren in dieser Situation zweitrangig! So blieb er seinem Vorsatz treu und harrte bei den Gefährten aus, die persönlichen Belange ignorierend. Cassius jedoch beunruhigte inzwischen das Fernbleiben Caesars. Es hatte sich die Kunde verbreitet, der Diktator wolle wegen schlechter Omen sein Haus nicht verlassen, die Senatssitzung solle gestrichen werden. Aus diesem Grund entschlossen sich die Verschwörer, Decimus Brutus Albinus zu ihm zu schicken. Wenn einer auf Caesar Einfluss hatte, dann er, den der Feldherr zu seinen engsten Freunden rechnete.

Was im Folgenden geschah, schildert Plutarch recht anschaulich: Als Decimus aus Caesars Mund von den Alpträumen Calpurnias und den ungünstigen Voraussagen der Orakelpriester erfuhr, »goss er seinen Spott über die Seher aus und lag Caesar mit dringenden Vorstellungen in den Ohren: Der Senat werde sich missachtet glauben und mit Vorwürfen und böswilligen Bemerkungen nicht hinter dem Berge halten. Die Senatoren seien ja auf seinen Befehl zusammengetreten und ohne Ausnahme bereit, einer Verordnung zuzustimmen, dass er in den außeritalischen Provinzen den Königstitel führen und überall, wo er hinkomme, das Diadem tragen solle. Und nun wolle er den Wartenden melden lassen, sie möchten für heute nach Hause gehen und ein andermal wiederkommen, wenn Calpurnia besser geträumt habe? Welche Gelegenheit für seine Neider, mit Schmähungen über ihn herzufallen! Und wenn dann seine Freunde auch noch beteuerten, das sei keine Sklaverei, keine Tyrannis – wer wollte ihnen noch Glauben schenken? Sollte er es aber unter allen Umständen für nötig halten, vor diesem Tage sich in Acht zu nehmen, so sei es immer noch besser, er gehe selber in die Kurie, um den Senat zu begrüßen und ihm die Vertagung kundzutun« (Plut. Caes. 64). Danach nahm Decimus ihn bei der Hand und führte ihn hinaus. Das geschah um die fünfte Stunde, das heißt gegen elf Uhr vormittags.

In romanhafter Zuspitzung des dramatischen Geschehens setzt nun ein ganzer Reigen vergeblicher Warnungen ein. Caesar war kaum ein paar Schritte von seiner Tür entfernt, als ein fremder Sklave herbeieilte und ihn zu sprechen wünschte. Doch der Mann kam nicht an ihn heran. Das Gedränge der Sekretäre und Freigelassenen im Tross Caesars sowie die Zahl der Bittsteller und Schaulustigen war zu groß. So wandte sich der unbekannte Informant an Calpurnia und bat sie, in ihrer sicheren Obhut warten zu dürfen, bis ihr Mann zurückkehre. Er habe ihm Wichtiges mitzuteilen (Plut. Caes. 64). Sollte dieser Sklave tatsächlich etwas erfahren haben, so war er nicht in alle Einzelheiten des Komplotts eingeweiht. Wesentlich detaillierter wusste der Grieche Artemidoros von Knidos Bescheid, ein Literaturlehrer, der im Hause des Brutus gastliche Aufnahme gefunden hatte und der auch Caesar persönlich kannte. »Er trug eine Schriftrolle bei sich, die alles enthielt, was er Caesar entdecken wollte. Als er sah, dass dieser sämtliche Schriftstücke, die man ihm überreichte, an seine Diener weitergab, drängte er sich an ihn heran und sagte: ›Caesar, das musst Du lesen, allein und schnell! Es stehen wichtige Dinge drin, die Dich ganz besonders angehen.‹ Caesar nahm die Rolle, kam aber nicht zum Lesen, sooft er auch ansetzte, da ihn eine ganze Menge von Leuten immer wieder in Anspruch nahm. Er behielt sie jedoch in der Hand, als einzige von allen, und gab wohl auf sie acht.« (Plut. Caes. 65). Diesen Zettel fand man später angeblich bei der Leiche. Vor dem Rathaus soll der Diktator dann auch noch den Seher Spurinna getroffen haben, der ihm einst nahegelegt hatte, sich vor einer Gefahr zu hüten, die ihm bis 15. März drohe. Caesar grüßte ihn mit den spöttischen Worten: »Die Iden des März sind da.« Und jener erwiderte nur leise: »Ja, sie sind da, aber noch nicht vorüber« (Plut. Caes. 63).

Die Verschwörer atmeten auf, als Caesar vor der Kurie aus seiner Sänfte stieg. Doch noch einmal wurde ihre Geduld auf eine harte Probe gestellt. Ausgerechnet jener Popilius Laenas, der sich ihnen kurz vorher als heimlicher Komplize zu erkennen gegeben

hatte, verwickelte Caesar in ein Gespräch. Misstrauisch beobachteten sie die Szene und gaben sich unauffällig Zeichen, »wonach
sie einer Festnahme durch Selbstmord zuvorkommen wollten«
(Appian BC 116 [487]). Cassius und die Seinen hatten ihre Hände sogar schon an die Dolchgriffe gelegt, bis sie feststellten, dass
die Haltung des Senators eher die eines Bittenden denn die eines
Anklagenden war. Als Laenas wenig später dankbar Caesars rechte Hand küsste und sich verabschiedete, fassten sie neuen Mut.
Jetzt, vor dem Betreten des Sitzungssaals, musste der Diktator
und Konsul allerdings noch einmal den Willen der Götter erkun-
den. Weil die Priester in den Eingeweiden des Schlachttieres etliche Anomalien entdeckten, ließ Caesar das Opfer wiederholen.
Trotzdem blieben die Vorzeichen – so will es die antike Tradition –
äußerst schlecht, ja sie prophezeiten ihm den Tod. »Unter Missachtung jeglicher religiösen Bedenken« (Suet. Caes. 81) und »von
seinen als Freunden verkappten Feinden gedrängt« (Appian BC
116 [489]) betrat er nach langer Verzögerung den Senat, in dem
rund vierhundert Mitglieder reichlich entnervt warteten. Als er
die Schwelle überschritt, erhoben sich die hohen Herren ehrerbietig von ihren Plätzen. Die Amtsdiener, die seinen vergoldeten Eh-
rensessel in der irrigen Annahme, der Diktator erscheine an diesem Tag nicht mehr, bereits aus der Kurie entfernt hatten (Cass.
Dio 44, 17, 3), beeilten sich, den Stuhl wieder herbeizuschaffen.

Endlich konnten die Verschwörer zur Tat schreiten. Während
Trebonius die Aufgabe zugeteilt war, Marcus Antonius außerhalb
des Gebäudes in eine Debatte zu verwickeln und so aufzuhalten,
geleiteten die übrigen Caesar zu seinem Platz. Sobald er sich gesetzt hatte, umringten ihn die Verschwörer. Tillius Cimber trat vor
den Diktator und bat ihn inständig, seinen verbannten Bruder zu
begnadigen. Caesar winkte ab, vertröstete ihn auf einen anderen
Zeitpunkt. Nun drängten die anderen heran, wie um das Gesuch
zu unterstützen. Als der Diktator, dem es jetzt zu viel wurde, un-
wirsch aufspringen wollte, packte Cimber seine Toga, riss sie ihm
von der Schulter und rief: »Was zögert ihr denn noch, meine
Freunde?« Das war das verabredete Signal. Die Mörder zückten
ihre Dolche und Schwerter. Casca, der hinter Caesars Amtsstuhl
stand, stach als Erster zu. Er traf ihn jedoch in der Aufregung

nicht richtig, sondern verletzte ihn nur leicht an der linken Schulter, oberhalb des Schlüsselbeins. Reaktionsschnell warf sich Caesar herum. »Verfluchter Casca, was tust du da?«, schrie der Angegriffene auf Lateinisch, packte seinen Arm und durchbohrte ihn mit der einzigen Waffe, die er bei sich führte – seinem Schreibgriffel. Casca soll auf Griechisch gebrüllt haben: »Bruder, hilf!«

Nun ging es Schlag auf Schlag. Nikolaos von Damaskus schildert das Geschehen stakkatoartig: »Der [Cascas Bruder Gaius] hörte das und stieß Caesar sein Schwert in die Rippen. Kurz vorher hatte Cassius ihm einen Hieb quer über das Gesicht versetzt; Decimus Brutus schlug ihm am Unterleib eine tiefe Wunde. Cassius Longinus wollte unbedingt einen weiteren Hieb anbringen und verfehlte Caesar, traf aber die Hand von Marcus Brutus, und Minucius, der auch auf Caesar einschlug, traf Rubrius an der Hüfte.« Blindlings, wie rasend, stießen die Attentäter zu und verletzten sich im Gewühl gegenseitig. Die beiden Senatoren Gaius Calvisius Sabinus und Lucius Marcius Censorinus, die Caesar zu Hilfe eilen wollten, wurden brutal beiseitegedrückt. Als der schon schwer Verletzte erkannte, dass er chancenlos war, verhüllte er, so Sueton, das Haupt mit der Toga und glättete den Faltenwurf bis hinab zu den Füßen, »um mit Anstand zu fallen und auch den unteren Teil des Körpers zu verhüllen«. Ohne einen weiteren Laut von sich zu geben, sei er neben dem Sockel der Pompeius-Statue zu Boden gesunken, durchbohrt von 23 Stichen. Nur in dem Augenblick, da er Brutus unter seinen Mördern erkannte, soll er überrascht und resignierend gefragt haben: »Auch du, mein Sohn?« Sein Blut spritzte über das Standbild, ergänzt Plutarch die Schilderung der Tat, »und es sah aus, als leite Pompeius selber die Rache an seinem Feinde«.

Wie versteinert hatten die versammelten Senatoren das Attentat verfolgt. Als Brutus nun den noch triefenden Dolch in die Höhe reckte, den Namen Ciceros – der nicht anwesend war – rief, ihm zur wiedergewonnenen Freiheit gratulierte und daraufhin eine Rede halten wollte, stürzten alle entsetzt hinaus ins Freie. »Ihre Flucht verbreitete ratlose Verwirrung und blinde Angst unter dem Volk. Die einen schlossen ihre Häuser zu, andere ließen ihre Buden und Wechslertische im Stich, viele eilten auf die Mord-

stätte, um das schreckliche Geschehnis mit eigenen Augen zu sehen, an diesen vorbei stürzten diejenigen, welche es schon gesehen hatten« (Plut. Caes. 67).

Irritiert standen die selbst ernannten Freiheitskämpfer plötzlich allein in der Rathaushalle. Für diesen Fall hatten sie keinen
Plan. Weil niemand dageblieben war, ihnen zuzuhören, »wickel-
ten sie ihre Togen wie Schilde um den linken Arm« (Appian BC
119 [499]) und marschierten, »noch erhitzt von der Mordtat, das
nackte Schwert in der Faust, alle von der Kurie zum Kapitol«
(Plut. Caes. 67). Als Zeichen der Befreiung hatten sie einen Filz-
hut (*pilleus*) auf eine Speerspitze gesteckt (Appian BC 119 [499]),
den in Rom gewöhnlich die Sklaven am Tage ihrer Freilassung
aufsetzten. Gladiatoren – von Decimus Brutus angeheuert – be-
gleiteten die Männer, »die erhobenen Hauptes und mit heiterer
Miene« durch die Straßen zogen, den Tyrannenmord rühmend
und Freiheitsparolen skandierend. Einige wenige Standesgenossen schlossen sich ihnen an. Auf dem Kapitolshügel angelangt,
dankten sie im Tempel des Jupiter Optimus Maximus den Göttern, »teilten das Gelände unter sich auf und bewachten es rings-
um, aus Furcht, Caesars Truppen würden sie angreifen« (Nik.
Dam. XXV, 94).

Offenbar waren sie unsicher, wie sich die Veteranen des Juliers verhalten würden. Die Soldaten, die »teils eben erst aus dem
Dienst entlassen und mit Landlosen versehen« waren, teils aber
noch auf die Zuweisung von Siedlerstellen warteten, hielten sich
in großer Zahl in der Stadt auf, um ihrem ehemaligen Feldherrn
beim Abmarsch in den Krieg das Ehrengeleit zu geben (Appian BC
119 [502]). Zudem lagerte eine Legion des Lepidus auf der
Tiberinsel. Wie die Verschwörer auf dem Hügel verschanzten sich
die meisten Bürger in ihren Wohnungen, schlossen die Fenster-
läden, verbarrikadierten die Eingangstüren und besetzten bewaff-
net die Dachgeschosse, um sich und ihre Familien von dort aus
verteidigen zu können, wenn es, wie von vielen befürchtet, zu
einem Rachefeldzug der Caesarianer käme. Etliche Adlige flohen
auf ihre Landgüter.

Am Nachmittag beriefen die Verschwörer auf den Rat befreun-
deter Senatoren hin eine Volksversammlung auf dem Forum ein,

zu der aber nur Brutus vom Kapitol herabstieg. Auf der Rednertribüne versuchte er die spontan herbeigeströmte Menge von der Notwendigkeit des Mordanschlags zu überzeugen. Ohne großen Erfolg. Die Leute lauschten ihm schweigend. Keiner jubelte ihm zu. Stattdessen schlug die indifferente Stimmung plötzlich in Empörung um, als der Praetor Lucius Cornelius Cinna das Wort ergriff: Er entledigte sich seiner Amtskleidung, als wollte er mit diesem Geschenk Caesars nichts mehr zu tun haben, schmähte den Diktator und rief die Masse dazu auf, die Mörder als »Wohltäter des Gemeinwesens vom Kapitol herabzurufen und auszuzeichnen« (Appian BC II, 121 [509]). Diese Treulosigkeit nahm das Volk ihm übel. Denn er war als Bruder von Caesars verstorbener Frau Cornelia nicht nur mit dem Getöteten verwandt, sondern verdankte ihm auch alles. Die Bürger waren so feindselig gestimmt, dass Brutus nichts anderes übrig blieb, als sich aufs Kapitol zurückzuziehen. So in die Defensive gedrängt, verzichteten die Attentäter auf jede weitere Aktion. Den Vorschlag Ciceros, die Senatoren sofort zu einer Sitzung auf den Burgberg einzuberufen, lehnten sie ab. Stattdessen vereinbarten sie, geduldig auszuharren und – demütigen Bittstellern gleich – Verhandlungen mit den Generälen der Caesarianer aufzunehmen. Nur so mochte es ihnen vielleicht noch gelingen, mit heiler Haut davonzukommen.

Caesars entstellter Leichnam lag derweil lange Zeit unbeachtet in der Kurie. Brutus und Cassius hatten davon abgesehen, ihn wie geplant in den Tiber zu werfen. Da das gesamte Gefolge Caesars entsetzt auseinandergestoben war, gab es niemanden, der den Toten bergen wollte. Erst später wagten es drei seiner Sklaven, zum Ort des grausigen Geschehens zurückzukehren. Sie betteten den Ermordeten in seine Sänfte und schleppten ihn übers Forum zu seinem Haus an der Via Sacra. »Da die Vorhänge an beiden Seiten hochgezogen waren, konnte man Caesars Hände herunterhängen sehen und auch die Hiebe in seinem Gesicht«, so Nikolaos. Jeder, der das sah, sei in Tränen ausgebrochen. Ein noch viel lauteres Klagegeschrei erhob sich, als die Träger sich seiner Wohnung näherten. Calpurnia »war nämlich aus dem Haus herausgestürzt, rief immer wieder den Namen ihres Mannes und jammerte über ihr Geschick, dass sie ihn vergeblich davor gewarnt hatte, an jenem Tag das Haus zu verlassen« (Nik. Dam. XXVI 95). Der Arzt Antistius stellte bei der anschließenden Leichenschau fest, dass von den 23 Wunden nur eine tödlich war – der Stich, den er vermutlich von Gaius Servilius Casca, dem Bruder des Publius, in die Brust erhalten hatte. Caesar war 56 Jahre alt, als er starb – er hatte seinen Widersacher Pompeius nur drei Jahre und fünfeinhalb Monate überlebt.

Die Tage danach

Und wo war Antonius zum Zeitpunkt des Mordes gewesen? Der Tumult in der Kurie konnte ihm ja unmöglich verborgen geblieben sein. Vielleicht warf er, vom Geschrei alarmiert, sogar einen Blick durch die Tür. Doch statt seinem Herrn zu helfen, schleuderte er die Purpurtoga des Konsuls von sich und gab Fersengeld. In der Kleidung eines Sklaven hastete er zu seinem Haus und schloss sich dort ein. Lepidus dagegen, der *Magister equitum* des Diktators, eilte zu seiner Legion auf der Tiberinsel, führte sie aufs Marsfeld und begab sich dann zu Antonius, um Kriegsrat zu halten. Die Panik der zwei Caesarianer, die auch ihr Leben bedroht sehen mussten, währte allerdings nur kurz. Rasch rissen sie die Initiative an sich. Schon am Mordtag mobilisierte Antonius die entlassenen Veteranen Caesars, die sich in und um Rom aufhielten: Sie sollten herbeikommen, um die ihnen versprochenen Landgüter einzufordern. In der Nacht besetzte Lepidus mit seinen Streitkräften das Forum. Calpurnia, die Witwe des Diktators, überantwortete Antonius das Privatvermögen ihres Gatten in Höhe von einhundert Millionen Sesterzen und die unveröffentlichten Verfügungen Caesars.

Als am 16. März Militärpatrouillen durch die Straßen und Gassen Roms marschierten, um Ruhe und Ordnung zu gewährleisten, hatten die Caesarianer die Lage unter Kontrolle. Während Brutus und Cassius isoliert auf dem Burgberg festsaßen, gaben sich die Honoratioren der Stadt, darunter die meisten Konsulare, bei Antonius die Klinke in die Hand. Außerdem erschienen die engsten Vertrauten Caesars in seinem Haus, um das weitere Vorgehen zu besprechen. Bestimmt wurde die Diskussion durch den Grundsatzstreit, ob der Mord an Caesar blutig zu rächen oder um des Friedens willen nach einer Verhandlungslösung zu suchen sei. Lepidus und Balbus, einer der Kanzleichefs des Diktators, sprachen sich vorbehaltlos dafür aus, das Häuflein der Verschwörer mit dem Schwert zu bestrafen. Der für das Jahr 43 designierte Konsul Hirtius riet jedoch zu einer Politik der Versöhnung, um der Allgemeinheit einen erneuten bürgerkriegsähnlichen Konflikt zu ersparen. Antonius schloss sich dieser maßvollen Haltung an und berief für den nächsten Tag den Senat ein.

Im Morgengrauen des 17. März versammelten sich die Mitglieder dieses ehrwürdigen Gremiums im Tempel der Tellus, der Mutter Erde, der am Abhang des Esquilin lag. Vor den Eingängen hatte Antonius bewaffnete Soldaten postiert. Er eröffnete die Sitzung mit einem Plädoyer für Eintracht und Versöhnung und steuerte die anschließende Debatte äußerst geschickt. Wer Caesar zum Tyrannen erkläre, so Antonius, müsse konsequenterweise seine Verfügungen ebenso für illegal erklären. Diese beträfen aber nicht nur jede Gemeinde und jede Stadt Italiens, sondern auch sämtliche Provinzen, Fürstentümer und Königreiche rund ums Mittelmeer. Caesar habe innen- wie außenpolitisch in unendlich vielen Rechts- und Wirtschaftsfragen Entscheidungen gefällt, die sich nicht ohne diplomatische Verwicklungen einfach rückgängig machen ließen. Die Betroffenen würden ihre Privilegien wohl auch um den Preis bewaffneter Auseinandersetzungen zäh verteidigen. Seinen größten Trumpf aber spielte Antonius aus, als er die Senatoren daran erinnerte, dass die kompletten Stellenbesetzungen, die Caesar für Jahre im Voraus getroffen habe, ebenfalls zur Disposition stünden, sollte man beschließen, der Imperator sei zu Recht getötet worden. Dann müssten zweifelsohne Neuwahlen angesetzt werden, was so manchen Magistrat, Priester oder Statthalter um seinen Posten bringen werde. Damit hatte er seine Standesgenossen an ihrem wunden Punkt erwischt.

Unter den Senatoren brach ein Sturm der Entrüstung los. Antonius hatte gewonnen: Alle Verfügungen Caesars, selbst die nicht veröffentlichten aus dem Nachlass, wurden pauschal gebilligt. Im Gegenzug gewährte man den Verschwörern eine Generalamnestie, ohne sie jedoch vom Vorwurf des Mordes freizusprechen.

In der zweiten Sitzung am 18. März dirigierte Antonius das Orchester ebenso selbstsicher. Die Mitglieder des Gremiums bestätigten die göttlichen Ehren des Diktators und erklärten sich bereit, dem Ermordeten eine Leichenfeier auf Staatskosten auszurichten. Cassius, der samt seinen Helfershelfern inzwischen vom Kapitol herabgestiegen war, widersprach zwar vehement, doch Brutus stimmte diesem Ansinnen zu. Antonius ließ sich die Erlaubnis erteilen, die *laudatio funebris*, die Trauerrede, zu halten. Und Lucius Calpurnius Piso, der ehemalige Schwiegervater Caesars, brachte gegen anfängliche Widerstände den Antrag durch, das Testament, das der Diktator am 13. September 45 auf seinem Landgut bei Lavicum verfasst hatte, öffentlich verlesen zu dürfen. Zu guter Letzt wurden an die Attentäter auch noch Statthalterschaften verteilt.

Am 19. März brach Piso dann das Siegel von Caesars Testament im Hause des Antonius vor zahlreichen Senatoren. Drei Viertel seines Privatvermögens erkannte der Diktator seinem Großneffen Gaius Octavius zu, ein Viertel sollten sich Lucius Pinarius und Quintus Pedius, Enkel und Sohn von Caesars älterer Schwester, teilen. Gaius Octavius wurde von der patrizischen Familie der Julier adoptiert. Marcus Antonius und der Attentäter Decimus Brutus waren als Erben zweiten Grades und als Vormünder für einen möglichen leiblichen Sohn des Diktators vorgesehen. Dem römischen Volk vermachte Caesar seine Gärten am Tiber zur freien Benutzung und pro Kopf dreihundert Sesterzen. Gemäß Testament hätte Caesars Nichte Atia für das Begräbnis Sorge tragen müssen. Doch Antonius riss die Inszenierung an sich.

Die Leichenfeier

Am 20. März war es so weit. Ganz Rom war auf den Beinen, als amtierende und ehemalige Magistrate die Bahre mit Caesars Leichnam in feierlichem Zug von seinem Haus über die Via sacra zum Forum trugen. Ihnen voran schritt Caesars Schwiegervater Piso. Vor der Rednertribüne hatte man ein vergoldetes Modell des Tempels der Venus Genetrix, der Stammmutter der Julier, aufgebaut. Im Inneren stand ein Bett aus Elfenbein mit Gold- und Purpurdecken bereit, auf das der Tote gelegt wurde. Das Kopfende dieser prachtvollen Liege »zierte« ein Gestell, über dem die blutdurchtränkten Kleidungsstücke hingen, die der Diktator am Tage seiner Ermordung getragen hatte. Nach der Zeremonie auf dem Forum war vorgesehen, den Toten zum Marsfeld zu bringen. Dort hatte Antonius einen Scheiterhaufen ganz in der Nähe des Grabmals von Caesars geliebter Tochter Julia aufschichten lassen. Da es üblich war, einen Verstorbenen außerhalb des Pomeriums, also vor der geheiligten Stadtgrenze, zu verbrennen, hatte der Konsul zudem die Verfügung erlassen, das Volk dürfe die Ehrengeschenke, die man in die Flammen zu werfen pflegte, auf jedem beliebigen Weg zum Marsfeld bringen. Denn vermutlich hätte ein Tag für das Leichenbegängnis nicht genügt, wären alle Gaben in einer einzigen, überlangen Prozession dorthin geschleppt worden (Suet. Caes. 84). Aber es kam ganz anders.

Bei der Aufbahrung des Leichnams erklangen Klagerufe, viele Menschen weinten, und die Veteranen, die im Waffenschmuck erschienen waren, erwiesen dem Toten die letzte Ehre, indem sie mit ihren Schwertern auf die Schilde schlugen. Antonius spürte die Empörung der Trauergemeinde – und beutete die Emotionen der Masse schamlos aus. »Es geziemt sich nicht, meine Bürger, dass der Nachruf auf einen so großen Mann durch mich allein geschieht, er sollte ihm vielmehr durch das ganze Vaterland zuteil werden«, lässt Appian ihn sagen (BC 144 ff.). »Was alles an Ehrendekreten ihr insgesamt, der Senat und mit ihm gemeinsam das Volk, in gleicher Bewunderung seiner Leistung für ihn, da er noch lebte, beschlossen habt, will ich daher verlesen und so an die Stelle meiner – des Antonius – Stimme die eure setzen.« Im Wortlaut trug er nun, betont langsam und eindringlich, gerade jene Passagen aus den Senatsakten vor, die den Wohltäter Caesar priesen und ihm eidesstattlich versicherten, man werde sein Leben mit ganzer Kraft schützen. Dann zählte er die Kriege, Schlachten, Siege und alle Völker auf, die Caesar dem Staat untertan gemacht hatte. Auf dem Höhepunkt seiner Rede hob er das blutige Gewand Caesars hoch und ließ es auf einem Speer im Wind flattern. Einer seiner Gefolgsleute zeigte der Menge das von Wunden übersäte Wachsbild des Verstorbenen. Im Anschluss wurden Trauerchöre angestimmt und Tragödientexte rezitiert, darunter auch der Satz »Hab' ich sie bewahrt zu meinem Untergang?«, der auf Caesars Milde gegenüber seinen Bürgerkriegsgegnern anspielte. Die testamentarischen Bestimmungen zugunsten der *plebs* taten ein Übriges, die Volksseele zum Kochen zu bringen. Aus der Empörung wurde Erbitterung, aus der Erbitterung Zorn. Die Trauergesellschaft verwandelte sich in randalierenden Mob.

Flüche gegen die Mörder wurden laut und Hasstiraden gegen die Senatoren, die dem Anschlag tatenlos zugesehen hatten. Während die einen Caesar im Allerheiligsten des Jupiter-Tempels auf dem Kapitol oder in der Kurie des Pompeius mitsamt den Gebäuden einäschern wollten, schleppten andere bereits die hölzernen Bänke und Tische herbei, die auf dem Forum standen, holten Brennmaterial aus nahe gelegenen Werkstätten, besorgten trockenes Reisig und stapelten alles um die Bahre auf. Zwei bewaffnete Unbekannte, so Sueton (Caes. 84), die entweder zu Caesars ehemaligen Soldaten zählten oder Handlanger des Antonius waren, hielten brennende Wachsfackeln an das Gerüst, unter dem die Leiche des Imperators lag. Daraufhin zogen die Musikanten und Schauspieler ihre Festkleider aus, rissen sie in Fetzen und warfen sie in die Flammen; die Veteranen seiner Legionen taten das Gleiche mit ihren Waffen, die meisten Frauen opferten ihren Schmuck und die Amulette ihrer Kinder. Unmittelbar danach zogen etliche aus dem Volk brennende Scheite aus dem Feuer und stürmten zu den Häusern der Attentäter, um sie ebenfalls anzuzünden. Doch deren Wohnungen wurden gut verteidigt. Trotzdem forderte die Raserei ein Opfer: Die Meute verwechselte den Volkstribun Helvius Cinna, einen Freund Caesars und Poeten, der auf dem Weg zur Leichenfeier war, mit seinem Namensvetter Lucius Cornelius Cinna, der den Ermordeten an den Iden des März beschimpft hatte, und prügelte ihn zu Tode.

Caesars letzter Auftritt war dank Antonius' geschickter Regie zu seinem stärksten geworden. Fortan konnten sich die Verschwörer in Rom nicht mehr sicher fühlen. Spätestens Mitte April 44 verließen sie endgültig die Stadt, um nie wieder zurückzukehren. Ihre Sache war schon verloren gewesen, als sie Caesars Leichnam unbeachtet hatten liegen lassen. Denn aus ihm schlug Antonius, genial improvisierend, das politische Kapital, mit dem er seine Position stabilisieren konnte. Wenn der selbst ernannte Nachlassverwalter des Diktators die Verschwörer nach den emotionsgeladenen Ausschreitungen nicht unter dem Beifall der Plebs beseitigt hatte, so nur deshalb, weil sie lebend für ihn im Augenblick mehr wert waren als tot. Erstens schweißte das gemeinsame Feindbild die Caesarianer, die unterschiedliche Seilschaften bildeten, noch für geraume Zeit zusammen. Und zweitens bewahrte sich Antonius das Wohlwollen einflussreicher optimatischer Kreise, solange er Brutus und Cassius ungeschoren ließ. Nachdem er die beiden Attentäter in geheuchelter Freundschaft von ihren Ämtern beurlaubt und unbehelligt hatte abreisen lassen, ging er daran, seine Macht auszubauen. Dazu benötigte er Geld und eine genügend große Anhängerschaft. Ersteres holte er sich aus dem Tempel der Ops, in dem Caesar siebenhundert Millionen Sesterzen für den Partherkrieg deponiert hatte. Im zweiten Fall bediente er sich der handschriftlichen Verfügungen Caesars, die er wohl teilweise auch fälschte. Er berief Verbannte nach Rom zurück, erteilte allen Sizilianern das Bürgerrecht, gewährte Kreta eine generelle Abgabenfreiheit und vergab großzügig Privilegien an Ausländer wie an Römer. Mit hohen Summen erkaufte er das Wohlverhalten seiner Konkurrenten Lepidus und Dolabella, die Veteranen stellte er mit Landzuweisungen in Kampanien ruhig. Gleichwohl gelang es ihm nicht, alle divergierenden Interessengruppen unter einen Hut zu bringen. Seine Kompromissbereitschaft gegenüber den Verschwörern hatte ihm die radikalen Caesarianer entfremdet. Und auch bei der *plebs urbana* büßte er Sympathien ein, weil er alle Versuche einer Vergöttlichung des Ermordeten verhinderte. Aus Furcht vor möglichen Attentaten ließ er sich deshalb vom Senat eine Leibgarde genehmigen. Trotz vieler Unsicherheiten fühlte Antonius sich als der neue starke Mann Roms. Den neunzehnjährigen Caesar-Erben Gaius Octavius nahm er zu diesem Zeitpunkt noch nicht ernst genug.

Tribuni plebis – die Vertreter des Volkes

Das Amt der Volkstribune nimmt im staatsrechtlichen Aufbau Roms eine Sonderstellung ein. Es entstand in der Frühzeit der Republik, als die Plebejer in den sogenannten Ständekämpfen den Patriziern die politische Gleichberechtigung abtrotzten. Ursprünglich war es Aufgabe der Volkstribunen, den einfachen Mann von der Straße vor der Willkür adliger Magistrate zu schützen. Da sie in dieser Funktion zu Beginn juristisch nicht abgesichert waren, wurden sie durch einen Schwur der Plebs für unverletzlich (*sacrosanctus*) erklärt: Wer einem Volkstribunen Schaden zufügte, galt als Verbrecher (Liv. 3,55,7).

Die Inhaber dieses Amtes – zehn an der Zahl – hatten die Pflicht, Bürgern bei Übergriffen hoher Staatsdiener zu helfen. Aus diesem Grunde mussten sie immer erreichbar sein: Ihre Häuser standen Bittstellern auch nachts offen, und sie durften Rom nur für einen Tag im Jahr verlassen. Um die Belange der kleinen Leute zu wahren, hatten sie das Recht, die Vollzugsgewalt eines Magistrats zu behindern, indem sie zwischen diesen und den betroffenen Plebejer traten. Durch ihr Veto konnten sie Gesetzesvorlagen und Beschlüsse des Senats zu Fall bringen. Ihre Macht ging sogar so weit, dass sie unbotmäßige Magistrate verhaften lassen konnten.

Dass diese umfassenden Befugnisse die Arbeit des Senats nicht lähmten, liegt an drei wichtigen Faktoren. Erstens: Die Amtsinhaber, die in der Regel zu den wohlhabenden Plebejern zählten, waren eng mit den patrizischen Sippen verbunden. Zweitens: Das zehnköpfige Kollegium musste stets einstimmig handeln; legte auch nur einer sein Veto ein, war jede Initiative gescheitert. Und drittens: Die patrizischen Amtsinhaber konnten alle Volksversammlungen mit der Begründung auflösen, sie hätten Kenntnis von ungünstigen Vorzeichen – Vogelflug, Blitzschlag, Opferschau – erhalten. Auf diese Weise behielt der Senat die Kontrolle. Erst in den letzten hundert Jahren der Republik missachteten Volkstribunen immer häufiger diese Spielregeln.

+++ Siegeszug eines Knaben +++

In den Wochen nach den Iden des März herrschte in Rom allenthalben große Unsicherheit. Wie würde es weitergehen? Würde sich der Senat und mit ihm die alte Aristokraten-Republik behaupten können? Oder drohte ein neuer Bürgerkrieg, wie Caesar prophezeit hatte? Würden die Generale des toten Diktators sich einigermaßen vernünftig verhalten oder sich gegenseitig in Machtkämpfen zerfleischen? Die Bühne für den großen Showdown war bereitet – allein, die Schauspieler hatten kein Drehbuch zur Hand, sie kannten ihre Rollen nicht und hatten keine Ahnung, wie die nächsten Szenen aussehen sollten. Nur einer entwickelte schon bald eine gewisse Vorstellung vom Fortgang des Dramas: der Caesar-Erbe Gaius Octavius. Er betitelte das auf dem Plan stehende Stück mit »Rache für Caesar«.

Der Adoptivsohn tritt auf

Wir schreiben die Jahre 44/43 v. Chr. – Gaius Octavius nimmt das Erbe an und kämpft im Mutinensischen Krieg gegen Antonius.

Der neunzehnjährige Jüngling erfuhr in der makedonischen Hafenstadt Apollonia (Pojani in Albanien) vom Attentat auf seinen Großonkel, wo er seit drei Monaten bei den sechs für den geplanten Partherfeldzug bereitgestellten Legionen weilte. Ein völlig abgehetzter Freigelassener überbrachte ihm ein Schreiben seiner Mutter Atia mit der fürchterlichen Nachricht. Die erste Meldung vom Geschehen in der Hauptstadt war zwar noch reichlich diffus, doch es schien ihm naheliegend, dass er als Verwandter Caesars nun ebenfalls um sein Leben bangen musste. Octavius beriet sich zunächst mit seinen Freunden Marcus Agrippa und Salvidienus Rufus. Deren Vorschlag, den Ermordeten sogleich mit der Waffengewalt des Heeres zu rächen, wies er zurück. Er wollte sich erst einmal Gewissheit über die Lage verschaffen. Mit seinen Kameraden und einer kleinen Truppe setzte er bei widrigstem Wetter nach Italien über. Aus Vorsicht ging der junge Mann aber nicht in Brundisium, dem größten Hafen Apuliens, an Land, sondern in dem kleinen, etwas südlicher gelegenen Lupiae (Lecce). Hier teilte man ihm mit, dass Caesar ihn zu seinem Adoptivsohn und Erben bestimmt hatte. Besorgt rieten ihm seine Mutter und sein Stiefvater Lucius Marcius Philippus brieflich davon ab, die Bestimmungen des Testaments zu akzeptieren. Wenn er zu diesem Vermächtnis ja sagen sollte, würde er auch alle Verpflichtungen sowie die Klientel des Diktators übernehmen – und damit unweigerlich in Konflikt geraten mit Marcus Antonius. Als Octavian wenig später in Brundisium von den dort auf ihre Einschiffung wartenden Soldaten als Sohn Caesars begrüßt wurde, warf er jedoch alle Bedenken über Bord. Von brennendem Ehrgeiz und dem Gedanken an Vergeltung erfüllt, beschlagnahmte er die Kriegskasse des Diktators sowie Teile der syrischen Tributzahlungen und machte sich auf den Weg nach Rom, wo er am 6./7. Mai ankam. Unterwegs traf er sich mit Caesars einstigen Vertrauten Lucius Cornelius Balbus, Gaius Matius und Gaius Oppius, mächtigen Bankiers aus dem Ritterstand, und versicherte sich ihrer Hilfe.

Der große Redner Cicero sowie die für das nächste Jahr designierten Konsuln Aulus Hirtius und Gaius Vibius Pansa konferierten ebenfalls mit ihm. Schließlich zog er auch noch durch Veteransiedlungen in Samnium und Kampanien, wo er von den Ex-Soldaten seines Adoptivvaters begeistert empfangen wurde.

Antonius geriet in echte Bedrängnis. Nicht nur, dass der Senat – obgleich überwiegend aus ehemaligen Caesarianern bestehend – seine Vormachtstellung immer misstrauischer beäugte, nun betrat auch noch ein junger Heißsporn die politische Bühne, der ihm die Legionäre abspenstig machte und die Stadtbevölkerung für sich mobilisierte. Die Soldaten, die nie verstanden hatten, warum der Konsul die Caesarmörder schonte, und die *plebs urbana*, die noch immer auf die Auszahlung der im Testament versprochenen Legate wartete, ließen sich durch Octavians Propaganda rasch vereinnahmen. So sah sich Marcus Antonius gezwungen, energisch gegen den lästigen Rivalen vorzugehen. Als Octavian von ihm die Herausgabe des caesarischen Vermögens verlangte, wies der Konsul ihn brüsk ab; als der Neunzehnjährige anfing, Immobilien und Ländereien zu Schleuderpreisen zu verkaufen, um an Geld zu kommen, verwickelte ihn der Konsul in Eigentumsprozesse; als der junge Mann vor den Kuriatkomitien offiziell seine Adoption bestätigen lassen wollte, mussten einige Volkstribunen ihr Veto einlegen; und als er plante, den Amtssessel mit dem goldenen Kranz des Diktators öffentlich auszustellen, drohte ihm Antonius mit Gefängnis. Das konnte Octavian jedoch nicht abschrecken. Er begann die dem Volk zugesagte Spende von dreihundert Sesterzen auszuzahlen – allerdings in Raten, da er die benötigte Gesamtsumme von neunzig Millionen noch nicht aufbringen konnte. Außerdem veranstaltete er vom 20. bis 30. Juli Spiele zur Erinnerung an die Siege seines Adoptivvaters (*ludi Victoriae Caesaris*). Der Zufall bescherte ihm dabei einen besonderen Popularitätsgewinn. Sieben Tage lang glänzte während dieses Festes ein Komet am nördlichen Himmel, berichtet Sueton. Da das Volk glaubte, das sei die Seele des unter die unsterblichen Götter aufgenommenen Diktators, wurde ein Abbild des Sterns (*sidus Julium*) über dem Kopf der Caesar-Statue auf dem Forum angebracht (Suet. Caes. 88). Octavian war auf dem besten Wege, zum Sohn eines Gottes aufzusteigen.

Im Bestreben, die Gunst des Volkes zurückzugewinnen, brachte Antonius zwei populäre Gesetze ein: Die Veteranen versuchte er mit einer weiteren großzügigen Ausweisung von Ackerland an sich zu binden. Und um der allgemein verbreiteten Stimmung gegen die Caesarmörder zu entsprechen, demütigte er Brutus und Cassius, indem er ihnen den lächerlichen Auftrag gab, in Sizilien sowie Asien Getreide zu erwerben. Mitte August 44 flüchteten die Verschwörer wütend aus Italien und begaben sich in den Osten.

Zur Festigung der eigenen politischen Position für die Zeit nach seinem Konsulat ließ Antonius sich die Provinzen Gallia Cisalpina, die der Caesarmörder Decimus Brutus verwaltete, und Gallia Comata übertragen, wobei die Zeit der Statthalterschaft dort auf fünf Jahre ausgedehnt wurde und er das Recht erhielt, die makedonischen Legionen nach Gallien zu überführen. Gleichzeitig schanzte er seinem Mitkonsul Dolabella die Provinz Syrien ebenfalls für fünf Jahre zu. Dieses radikale Vorgehen provozierte den Unmut der Senatoren – Optimaten wie Caesarianer gleichermaßen.

An die Spitze der Opposition setzte sich der überzeugte Republikaner Cicero. Er warf Antonius vor, in die Fußstapfen des Tyrannen treten zu wollen, zog enttäuschte Anhänger des toten Diktators auf seine Seite, unter ihnen Hirtius und Pansa, und unterstützte Octavian nach Kräften. Zwar erzwangen die Soldaten, die nicht akzeptierten, dass der ehemalige General Caesars und sein »Sohn« in Fehde lagen, eine feierliche Versöhnung der beiden auf dem Kapitol, doch hatte die nur so lange Bestand, wie die Umarmung währte. Von Freundschaft keine Spur, im Gegenteil: Agenten des Octavian bearbeiteten unablässig die Veteranen in den kampanischen Siedlungen und die makedonischen Legionen, indem sie die Rachepflicht beschworen und all jenen hohe Geldbeträge versprachen, die sich dem Befehl des Erben unterstellten. Um dies zu verhindern, inszenierte der Konsul ein Attentat auf sich, das er seinem jugendlichen Kontrahenten in die Schuhe schob – ein Akt purer Hilflosigkeit. Octavian verließ die Stadt und sammelte dreitausend Soldaten, mit denen er wenig später nach Rom marschierte. Als die Veteranen davon Kenntnis bekamen, dass ein Feldzug gegen Antonius bevorstehe, weigerten sich etliche von ihnen, dem jungen Caesar zu folgen. Das Unternehmen war zunächst gescheitert.

Unterdessen nahm der 39 Jahre alte Konsul in Brundisium vier makedonische Legionen in Empfang und schickte sie – nachdem er eine Meuterei blutig unterdrückt hatte – gegen Norden. Weil Antonius in Rom selbst derzeit keine Chance sah, seine Vormachtstellung zu behaupten, setzte er alles daran, die Provinz Gallia Cisalpina in Besitz zu nehmen. Zwar war die Amtszeit des Statthalters Decimus Brutus noch nicht abgelaufen, doch mit Waffengewalt hoffte Antonius den Caesarmörder, der sich in Mutina verschanzt hatte, zur Übergabe zu zwingen. Octavians große Chance kam, als zwei der Veteranen-Legionen des Antonius sich dem Oberbefehl des Konsuls entzogen und zu ihm überliefen. Plötzlich verfügte der junge Caesar mit seinen selbst ausgehobenen Kampfverbänden über eine gewaltige Streitmacht. Er war – nach Decimus Brutus und Marcus Antonius – zur dritten Kraft in Italien geworden. Cicero nutzte die Gunst der Stunde: Er umgarnte Octavian und schmiedete ein Bündnis mit ihm, das er am 20. Dezember 44 triumphierend der römischen Öffentlichkeit verkündete. Der Senat legalisierte die Stellung des Caesar-Erben, verlieh ihm die militärische Befehlsgewalt (*imperium*), gewährte ihm die Mitgliedschaft im höchsten Gremium Roms und das Privileg, sich zehn Jahre vor der gesetzlichen Frist um die Staatsämter bewerben zu dürfen.

In der Folge betätigte sich Cicero regelrecht als Kriegstreiber. Unermüdlich spielte er all seine rhetorischen Fähigkeiten aus, um den ungeliebten Antonius zum Staatsfeind (*hostis publicus*) erklären zu lassen. Eine militärische Eskalation nahm er dabei billigend in Kauf. Im April 43 marschierten die Konsuln Hirtius und Pansa sowie Octavian, vom Senat beauftragt, mit ihren Armeen nach Mutina, um den von Antonius bereits belagerten Decimus Brutus zu befreien. Am 15. und am 21. des Monats kam es dann zu zwei großen Schlachten: In der ersten wurde Pansa so schwer verwundet, dass er tags darauf seinen Verletzungen erlag; in der zweiten fiel Hirtius. Doch Antonius musste sich geschlagen geben. Er hob die Belagerung Mutinas auf und zog mit seinem geschwächten Heer auf der Via Aemilia westwärts in Richtung Gallia Narbonensis ab. Die Senatsverbände hatten einen Sieg errungen, allerdings zu einem hohen Preis. Die beiden amtierenden Konsuln waren tot – der Staat war führungslos. Und mit den zwei verbliebenen Truppen-Befehlshabern Octavian und Decimus Brutus standen sich plötzlich Caesars Sohn und Caesars Mörder gegenüber – nicht unbedingt ein Traumpaar, auf dessen Einvernehmen man bauen konnte! Der junge Erbe übergab zwar drei Rekrutenlegionen an Brutus, weigerte sich jedoch, an der Verfolgung des Antonius teilzunehmen. Als später die Order des Senats bei ihm einging, dem Statthalter der Provinz Gallia Cisalpina auch noch die Veteranenverbände zu unterstellen, lehnte er entschieden ab. Die Loyalität seiner Soldaten wäre einer schweren Belastungsprobe ausgesetzt worden, wenn er sie dem einstigen Verschwörer übergeben hätte. So entschloss sich Octavian, zunächst in Norditalien auszuharren und die weitere Entwicklung abzuwarten.

Die Hoffnung des Decimus Brutus und des Senats, Antonius nach zwei Niederlagen endgültig ausschalten zu können, erwies sich als trügerisch. Denn Publius Ventidius Bassus, ein caesarianischer Parteigänger, führte dem geflohenen Feldherrn zwei Legionen kampanischer Veteranen und eine weitere aus Picenum zu. Damit verfügte Antonius, der gegenüber seinen Verfolgern einen Vorsprung von zwei Tagen hatte, wieder über sieben Legionen, die den Verbänden des Gegners haushoch überlegen waren. Das wusste Brutus. Er wagte deshalb keinen Angriff. Leider gab er Antonius durch seine Passivität die Möglichkeit, sich mit Lepidus, der bald nach dem Attentat auf Caesar in seine Provinzen Gallia Narbonensis und Hispania Citerior abgerückt war, zu vereinen. Der geballten Schlagkraft von vierzehn kampferprobten Legionen hatte der Senat nichts entgegenzusetzen. Zudem übte die militärische Vormachtstellung des Antonius jetzt eine solche Sogwirkung aus, dass auch andere Provinzgouverneure mit ihren Truppen an seine Seite traten. Asinius Pollio, der Statthalter von Hispania Ulterior, übergab ihm zwei zusätzliche Legionen, und Plancus, der Repräsentant Roms in der Gallia Comata, wechselte mit weiteren drei Legionen zu ihm über. Solcherart in die Enge getrieben, versuchte Decimus Brutus zu seinem Namensvetter Marcus in den Osten zu fliehen. Weit kam er nicht: Ein Keltenhäuptling verriet ihn an die Häscher des Antonius, die ihn sofort umbrachten.

Die Vereinigung der caesarianischen Armeen in Gallien setzte Octavian unter Druck. Er konnte es sich nicht leisten, dem heraufziehenden Konflikt unbeteiligt zuzuschauen. Denn er musste befürchten, am Ende überflüssig zu werden. Wer immer auch als Sieger aus dem Ringen hervorgehen mochte, konnte ihm Verrat vorwerfen und ihn für vogelfrei erklären. Zum einen war er gegen Antonius militärisch vorgegangen, zum anderen hatte er die Kurie und Brutus nach dem Kampf bei Mutina im Stich gelassen. Um sich eine Machtposition zu verschaffen, die ihn zu einem ernsthaften Verhandlungspartner für Antonius werden ließ, forderte er von Rom das Konsulat und eine angemessene Belohnung für seine Soldaten. Der Senat wies dieses Ansinnen brüsk zurück. Die Ratsherren vertrauten inzwischen auf die syrischen Legionen des Gaius Cassius, die makedonische Armee von Marcus Brutus und die Seestreitkräfte des Sextus Pompeius. Zudem kursierte in Rom ein Ausspruch Ciceros, der eine unmissverständliche Drohung an Octavian enthielt: *Laudandum adulescentem, ornandum, tollendum* – den Jüngling muss man loben, auszeichnen und befördern (Cic. Fam 11, 20, 1). Wobei »befördern« zweierlei bedeuten konnte: befördern zu neuen Ehren oder gleich ins Jenseits!

Der junge Caesar sah sich genötigt, seine Truppen zum zweiten Mal gegen die Hauptstadt zu führen. Diese Nachricht löste in der Kurie große Bestürzung aus. Als zwei vom Senat schon vorher angeforderte afrikanische Legionen in Ostia an Land gingen, versetzte man Rom in den Verteidigungszustand. Die Staatskasse wurde in Sicherheit gebracht, an der Tiberbrücke standen Wachen. Vergeblich suchte man in der Stadt nach der Mutter und der Schwester des jungen Caesar, die als Geiseln genommen werden sollten. Zu einem Kampf um Rom kam es allerdings nicht mehr, denn die Verteidiger widersetzen sich den Senatsbefehlen: Sie ergaben sich Octavian. Als Cicero nach der Kapitulation dem neuen Herrn der Stadt seine Aufwartung machte, zahlte der ihm seinen drohenden Ausspruch mit gleicher Münze zurück: »Sieh an, der

Letzte meiner Freunde!« (App. BC III, 92 [382]). Mit seinem Onkel Quintus Pedius trat der Erbe des großen Juliers am 19. August 43 sein erstes Konsulat an. Dieser Staatsstreich ermöglichte es ihm, seine Position zu festigen. Er schenkte jedem seiner Männer 2500 Denare, ließ seine Adoption rechtsgültig bestätigen und richtete ein Tribunal ein, dem später die Aburteilung der Caesar-Mörder obliegen sollte. Die Ächtung von Antonius und Lepidus wurde aufgehoben. So war der Weg ins Zweite Triumvirat vorbereitet.

Tod allen Feinden!

Wir schreiben das Jahr 43 v. Chr. – Antonius, Lepidus und Octavian verbünden sich.

Ende Oktober trafen die drei mächtigsten Generäle Roms auf einer kleinen Insel des Flusses Rhenus nördlich von Bononia (Bologna) zusammen, um unter aufwändigen Sicherheitsvorkehrungen über ihre und des Staates Zukunft zu beraten. Zwei Tage währte die Konferenz. Antonius, Lepidus und Octavian vereinbarten, für die Dauer von fünf Jahren ein »Dreimännerkollegium zur Ordnung des Staates« (*tresviri rei publicae constituendae*) zu bilden, wobei ihre Amtsgewalt der von Konsuln gleichen sollte. Darüber hinaus beschlossen sie, das Herrschaftsgebiet aufzuteilen: Antonius behielt mit Gallia Cisalpina und Gallia Comata die wichtigsten Westprovinzen, Lepidus übernahm Spanien und die Gallia Narbonensis, während sich Juniorpartner Octavian, der sein soeben gewonnenes Konsulat wieder abgab, mit Afrika, Sizilien und Sardinien bescheiden sollte. Für das kommende Jahr setzten sie sich zum Ziel, die Caesar-Mörder Brutus und Cassius niederzuringen. Den Feldzug sollten Antonius und Octavian leiten, Lepidus dagegen hatte den Auftrag, zum Schutze Roms mit drei Legionen in der Stadt zu bleiben. Um die Militäraktion gefahrlos über die Bühne bringen zu können, mussten allerdings zwei Voraussetzungen erfüllt sein: Es galt die Legionäre mit nahezu verschwenderischen Angeboten bei der Stange zu halten und dafür Sorge zu tragen, dass republikanische Feinde in ihrem Rücken möglichst keine Unruhen zu schüren vermochten. Die diesbezüglichen Beschlüsse des neuen Machtkartells lösten im ganzen Land Entsetzen und Panik aus. Denn im ersten Fall drohten Enteignungen und Vertreibungen, im zweiten Mord und Totschlag durch Proskriptionen, wie sie schon Sulla angeordnet hatte.

Was die Beschlagnahme von Land und die Todesurteile angeht, mag uns Appian als Zeuge dienen.»Um das Heer schon mit Hoffnung auf Siegesbeute anzustacheln, versprachen sie [die Triumvirn] den Soldaten neben anderen Geschenken achtzehn italische Städte zur Ansiedlung, die sich durch Wohlstand und hübsche Grundstücke wie Häuser auszeichneten; sie sollten unter die Soldaten aufgeteilt werden, genau so, als ob sie ihnen im Kriege als Feindbesitz zugefallen wären. Die namhaftesten Orte unter ihnen waren Capua, Rhegion, Venusia, Benevent, Nucceria, Ariminum und Hipponion. So suchten die Machthaber die schönsten Punkte Italiens für ihre Truppen aus, sie beschlossen aber auch, zuvor noch ihre persönlichen Gegner zu beseitigen, damit sie ihnen keine Schwierigkeiten bereiten konnten, während sie diese Maßnahmen trafen und einen fernen Krieg führten.« Weiter berichtet Appian:»Als die Triumvirn unter sich waren, stellten sie Listen derer auf, die sterben sollten. Sie wählten dabei die einflussreichen Persönlichkeiten aus, denen sie misstrauten, sowie ihre persönlichen Feinde und tauschten gegenseitig eigene Verwandte und Freunde mit dem Ziel, sie zu ermorden. Und dies geschah sowohl damals als auch später. Denn sie ergänzten ihre Listen von Zeit zu Zeit, manchmal aus Hass, in anderen Fällen wieder aufgrund eines bloßen Streites oder weil die Opfer Freunde ihrer Feinde oder Feinde ihrer Freunde waren.« (App. BC IV, 3 [10] und 5 [16 ff.].

Der aus Alexandrien stammende Historiker überliefert das Proskriptionsdekret der drei Gewaltherrscher im Wortlaut. Darin heißt es, an die Adresse des Volkes gerichtet, unter anderem:»Hütet euch, irgendjemand von denen, deren Namen unten auf der Liste verzeichnet stehen, bei euch aufzunehmen oder zu verstecken oder irgendwohin zu schicken oder euch durch Geld bestechen zu lassen! Wer entdeckt wird, einem Proskribierten Schutz oder Hilfe oder schweigende Duldung gewährt zu haben, den werden wir, ohne eine Entschuldigung gelten oder Gnade walten zu lassen, seinerseits auf eine Liste der Proskribierten setzen. Diejenigen aber, die eine Tötung vollzogen haben, sollen uns die Häupter überbringen und folgende Belohnungen erhalten: ein freier Mann 25 000 attische Drachmen je Kopf, ein Sklave die persönliche Freiheit, dazu 10 000 attische Drachmen und den Anspruch auf das Bürgerrecht seines Herrn.« (App. BC IV, 11 [42 ff.]). Den gezielten Exekutionen, die nun anhoben, sollen dreihundert Senatoren und zweitausend Ritter zum Opfer gefallen sein. Die Köpfe der Getöteten wurden auf dem Forum an der Rednertribüne ausgestellt. Dort empfingen die Überbringer auch ihren Henkerslohn.

Zu den Ersten, die im Zuge der Verfolgungen ihr Leben lassen mussten, gehörte der Redner und Konsular Marcus Tullius Cicero, der sich den Hass des Antonius zugezogen hatte. Er starb am 7. Dezember 43, wenige hundert Meter von seinem Landgut in Caieta entfernt. »Er erhielt den tödlichen Hieb in den Hals, den er aus der Sänfte vorstreckte, im vierundsechzigsten Lebensjahr. Dann schlugen sie ihm, gemäß Antonius' Befehl, den Kopf und die Hände ab« (Plut. Cic. 48).

Doch brachten die Vermögenskonfiskationen und die Immobilien-Versteigerungen offenbar nicht das Geld, das sich die Machthaber erhofft hatten. Im Gegenteil: Durch das Überangebot fielen die Marktpreise. Um die Kosten der Rüstungsausgaben zu decken, fehlten am Ende immer noch zweihundert Millionen Denare. Ungeniert drehten die drei Spießgesellen deshalb an der Steuerschraube. Sie ordneten an, dass Vermieter für jede Wohnung, die sie vergeben hatten, einen kompletten Jahreszins abführen mussten. Eigentümer, die ihr Haus selbst bewohnten, hatten die Hälfte des Gebäudewertes an den Staat zu entrichten, Landbesitzer fünfzig Prozent des erwarteten Ernteertrags (Cass. Dio 47, 14, 2). Vermögen von mehr als 100 000 Denaren wurden mit einer zweiprozentigen Zwangsabgabe belegt, für jeden Sklaven in einem Haushalt mussten 25 Denare abgeführt werden. Zudem erhob die Dreierbande in Italien wieder Zölle und bat die vierhundert reichsten Frauen zur Kasse (App. BC IV, 32 [135 ff.]). Die Enteignungen und Erpressungen sorgten für eine regelrechte Massenflucht: Viele der Geschädigten und Geächteten liefen zu Sextus Pompeius über, der mit seinen Schiffen die Westküste Italiens kontrollierte und dort immer wieder vor Anker ging, um Heimatvertriebene an Bord zu nehmen. Die republikanischen Widersacher der Triumvirn im Osten verfuhren indessen nicht weniger brutal. Im Namen der Freiheit plünderte Cassius Syrien, Kilikien und die reiche Seestadt Rhodos aus; Brutus führte einen erbarmungslosen Beutefeldzug in Lykien. Beide Seiten mobilisierten alle ihnen zur Verfügung stehenden materiellen und personellen Ressourcen für den Endkampf.

Rache für Caesar

Wir schreiben das Jahr 42 v. Chr. – es kommt zur Entscheidungsschlacht zwischen Caesarianern und Republikanern.

Brutus und Cassius, die ihre Truppen in Kleinasien vereinigt hatten, überquerten im Sommer bei Abydos den Hellespont und marschierten entlang der thrakischen Küste gen Westen nach Makedonien. Bei Philippi, einem kleinen, befestigten Grenzort östlich des Flusses Strymon, trafen sie auf eine Vorhut ihrer Gegner Antonius und Octavian. Die Caesar-Mörder machten sofort halt. Brutus bezog Stellung auf einem Hügel im Norden der drei Kilometer breiten Ebene, Cassius auf einer Anhöhe im Süden. Mit Gräben und Schanzwerken riegelten sie ihre Lager ab – ein regelrechter Sperrgürtel, der schwer zu erstürmen war, da die Feinde bergauf angreifen mussten. Außerdem sicherten sie auf diese Weise ihre Verpflegung. Denn von Philippi, das hinter der Front lag, führte eine Straße direkt zu ihrem Flottenstützpunkt Neapolis (Kavala). Aus diesem Hafen konnten ihre Schiffe rasch zur nahe gelegenen Insel Thasos rudern, auf der umfangreiche Proviant-Magazine angelegt worden waren. Strategisch gesehen befanden sich die Republikaner in einer nahezu uneinnehmbaren Position. Neunzehn Legionen mit etwa 80 000 schwer bewaffneten Infanteristen standen auf ihrer Seite, hinzu kamen 12 000 Reiter. Ihre Seestreitkräfte unter dem Befehl der beiden Kommandeure Staius Murcus und Gnaeus Domitius Ahenobarbus beherrschten das Meer. Zwar konnten diese Flottenverbände aufgrund ungünstiger Winde nicht verhindern, dass die Triumvirn ein starkes Heer von rund 100 000 Fußsoldaten und 20 000 Reitern über die Adria nach Makedonien transportierten, doch sie unterbanden wenig später den kompletten Nachschub.

Als Antonius in die Ebene von Philippi einrückte, erkannte er sofort, dass seine Situation nicht gerade günstig war. Trotzdem ließ er die Legionäre nur etwa anderthalb Kilometer vom Feind entfernt ein Lager errichten. Da es in unmittelbarer Nähe weder Holz noch Süßwasser gab, ordnete er Arbeitskolonnen ab, die in den südlichen Sümpfen mühsam nach Bau- und Brennmaterial suchen mussten, während andere schwitzend Brunnen bohrten. Mittlerweile war es Oktober geworden. Die Nächte kühlten empfindlich ab, Regengüsse weichten den Boden auf. Antonius sah sich genötigt, eine Entscheidung herbeizuführen. Von Octavian irgendeine Hilfe zu erwarten, erschien müßig. Denn der Caesar-Erbe lag krank danieder. In einer Sänfte musste er nach Philippi getragen werden. Er traf zwar noch rechtzeitig vor der ersten

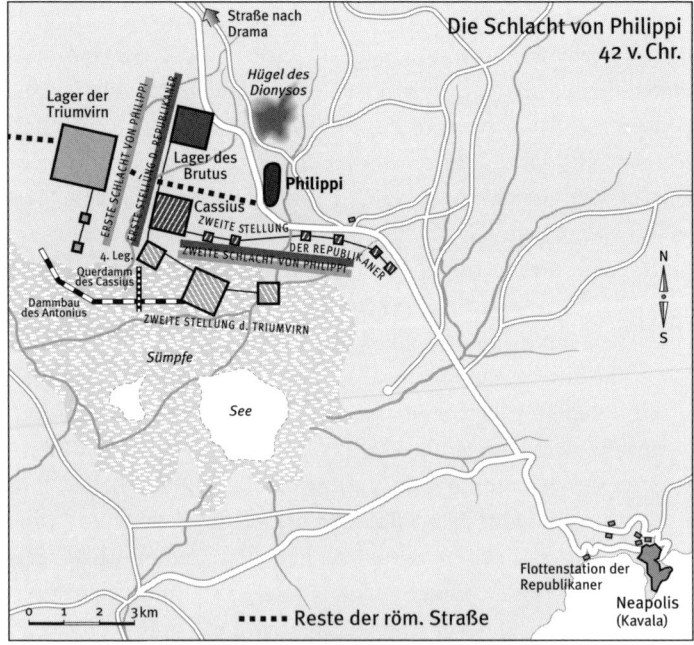

Die Schlacht von Philippi
42 v. Chr.

Schlacht am 23. Oktober 42 dort ein, fühlte sich jedoch zu schwach, um in das Geschehen einzugreifen.

Antonius hatte mittlerweile einen tollkühnen Plan in die Tat umgesetzt. Weil eine frontale Attacke auf die Stellungen der Republikaner zu hohen Verlusten geführt hätte, befahl er, heimlich einen Damm durch das Sumpfgebiet aufzuschütten, und besetzte alle erreichbaren festen Plätze an der südlichen Flanke des Gegners mit seinen Einheiten. Die Republikaner lenkte er ab, indem er täglich fast das gesamte Heer in Schlachtordnung ausrücken ließ. Cassius bemerkte die Umgehung zu spät. Zwar versuchte er noch, eine Sperrmauer hochzuziehen, doch vergebens. Sobald Antonius dessen gewahr wurde, blies er zum Sturm. Und sein Ungestüm sicherte ihm den Erfolg: Cassius musste sich nach schweren Gefechten zurückziehen, seine Legionäre flohen in alle Richtungen. Antonius nahm das Lager ein.

Indessen hatte Brutus im Norden einen Entlastungsangriff geführt. Er durchbrach Octavians Linien und eroberte das gemeinsame Lager der Caesarianer. Eigentlich eine klassische Pattsituation! Da die Front jedoch weit auseinandergerissen war und Staubwolken die Sicht behinderten, wusste die linke Hand nicht, was die rechte tat. Im falschen Glauben, auch Brutus habe eine Niederlage erlitten, ließ Cassius sich von einem Freigelassenen namens Pindaros töten (Plut. Brut. 43, App. BC IV, 113 [472 ff.]). Der eher intellektuell angehauchte Brutus, mit Durchsetzungsvermögen nicht gerade gesegnet, war nun plötzlich alleiniger Befehlshaber. Ihm oblag die schwierige Aufgabe, die versprengten und demoralisierten Soldaten seines einstigen Gefährten zu sammeln und wieder aufzurichten. Das gelang ihm zwar leidlich, doch unter seinen Offizieren und Mannschaften regte sich alsbald Kritik an seiner zu zögerlichen Führung.

Brutus hatte den Feinden keine weitere Schlacht mehr liefern, sondern abwarten wollen, bis Hunger und Kälte sie zermürbten. Seine Legionen indes zeigten sich ungeduldig. Vermutlich aus Angst, etliche seiner unzufriedenen Kohorten könnten überlaufen, ließ sich Brutus Mitte November, zwanzig Tage nach dem ersten Gefecht, zu einem erneuten Waffengang hinreißen. Und das war sein Verhängnis: Die Einheiten der Triumvirn drängten nach längerem unentschiedenen Ringen die feindliche Linie zurück und stießen ins Lager der Republikaner vor. Brutus wurde der Rückzug versperrt. Mit vier nicht mehr ganz vollzähligen Legionen flüchtete er auf eine Anhöhe. Als er am nächsten Morgen seine Offiziere fragte, ob sie mit ihm das Lager zurückerobern wollten, weigerten sie sich. Einige hatten offenbar schon Kontakt mit den Siegern aufgenommen – bereit zur bedingungslosen Kapitulation. In dieser verzweifelten Situation wählte auch Brutus den Freitod. Seinem Beispiel folgten etliche angesehene Aristokraten, die gleich ihm nicht von der Gnade der Caesarianer abhängig sein wollten.

Der Entscheidungskampf hatte unendlich viel Leid über die Römer gebracht: Rund 40 000 Mann waren auf dem Schlachtfeld geblieben, es gab Tausende von Verwundeten und Verstümmelten. In der Heimat trauerten Mütter, Ehefrauen und Freundinnen um die Gefallenen. 14 000 Legionäre ergaben sich, der Rest zerstreute sich in alle Winde. Octavian genoss die Rache. Weit davon entfernt, den Sieg durch Mäßigung zu krönen, ließ er den Leichnam des Brutus enthaupten und sandte den Kopf auf einem Schiff nach Rom, damit er vor dem Standbild Caesars niedergelegt werde (Suet. Aug. 13). Die grausige Trophäe kam dort jedoch niemals an, sondern wurde in einem Sturm über Bord gespült. Auch gegen andere vornehme Gefangene wütete er, nicht ohne sie in ihrer Qual noch zu beleidigen und zu beschimpfen. Einem seiner Opfer, das auf Knien um ein ehrenvolles Begräbnis bat, antwortete er zynisch, er stelle das dem Willen der Vögel anheim. Und einem Vater und seinem Sohn, die um Vergebung flehten, beschied er barsch, sie sollten auslosen, wem das Leben geschenkt werde. Mitleidlos sah er zu, wie der Sohn Selbstmord beging, weil der Vater sich freiwillig dem Henker ausgeliefert hatte. Die Milde Caesars gehörte nicht zu seinem Programm. Antonius dagegen hielt sich zurück. Seine Nachsicht gewann ihm viele Sympathien bei den Soldaten wie bei den adligen Anhängern der Republik. Den Körper des Brutus hüllte er in ein Purpurgewand, verbrannte ihn und schickte die Urne an dessen Mutter Servilia (App. BC IV, 135 [568]).

Unmittelbar nach dem Entscheidungskampf teilten die beiden Befehlshaber ihre Kompetenzen neu auf. Antonius beanspruchte für sich nach wie vor die wichtigsten Westprovinzen: das von Caesar eroberte Gallien (Gallia Comata) und die Gallia Narbonensis. Außerdem übernahm er die Aufgabe, die östlichen Länder des Reiches zu besetzen und die durcheinandergeratenen politischen Verhältnisse neu zu ordnen. Natürlich wollte er die ohnehin geschröpften Städte finanziell noch einmal kräftig zur Ader lassen. Acht Legionen und 10 000 Reiter mochten genügen für eine eindrucksvolle Drohkulisse. Octavian dagegen sollte im Westen die spanischen Provinzen des Lepidus erhalten und, wenn irgend möglich, die Seeherrschaft des Sextus Pompeius brechen. Darüber hinaus übernahm er die Aufgabe, sich in Italien um die Ansiedlung jener 60 000 Veteranen zu kümmern, die ihren Dienst in der Armee quittieren wollten. Lepidus, der dritte im Bunde, wurde im Kampf um die Macht ausgebootet: Er musste sich mit einer Statthalterschaft in Afrika zufriedengeben.

Der Bluthund von Perusia

Wir schreiben die Jahre 41/40 v. Chr. – Octavian gerät in Konflikt mit Lucius, dem Bruder des Marcus Antonius.

Auf seiner Heimreise erkrankte Octavian erneut schwer. Weil die beiden Triumvirn jedoch schon bei Philippi alle Kolonisationsführer und Feldmesser berufen hatten, konnten die geplanten Landzuweisungen zügig umgesetzt werden. Mit der Rückkehr des Caesar-Erben brach deshalb in Italien das Chaos aus. Die von der Enteignung betroffenen Grundbesitzer bestürmten den jungen Mann, sie zu verschonen, während die Veteranen die ordnungsgemäße Vergabe des Ackerbodens teilweise erst gar nicht abwarteten, sondern sich die Filetstücke einfach unter den Nagel rissen. Angst, Empörung und Revolten waren die Folge. Es kam zu gewalttätigen Übergriffen. Die von Haus und Hof Gejagten strömten entweder nach Rom, wo sie das städtische Proletariat verstärkten, oder sie rotteten sich zu Banden zusammen, die ihren Lebensunterhalt durch Raubüberfälle bestritten. Erneut flohen unzählige Menschen an die Küsten und heuerten auf den Schiffen des Sextus Pompeius oder des Domitius Ahenobarbus an. Da das Areal der zur Enteignung vorgesehenen Städte selten ausreichte, um sämtliche Soldaten mit Bauernstellen zu versorgen, mussten auch Nachbargemeinden große Teile ihres Territoriums herausrücken.

Der Unmut, der sich im Lande Bahn brach, rief den amtierenden Konsul Lucius Antonius auf den Plan. Er und Fulvia, die Gemahlin seines Bruders Marcus, machten sich zum Fürsprecher aller Entrechteten – sowohl von Einzelpersonen wie auch von Dörfern und Städten. Sie prangerten die Ausnahmegewalt der Triumvirn als ungesetzlich an. Auf Betreiben des Lucius erklärte der Senat Octavian und Lepidus zu Staatsfeinden. Seinen Bruder nahm der Antonier allerdings aus. Dieser werde, so verkündete er vollmundig, auf seine Stellung gerne verzichten und stattdessen das Konsulat übernehmen, seine tyrannische Macht also gegen ein verfassungsgemäßes Amt eintauschen. Wieder drohte eine bewaffnete Konfrontation. Die Offiziere der in Italien stationierten Truppen bemühten sich zwar noch, die Rivalen Lucius Antonius und Octavian durch ein eigens einberufenes Schiedsgericht zu versöhnen, jedoch vergeblich: Der Streit eskalierte, beide Seiten rüsteten zum Kampf.

Nach einigen Scharmützeln gelang es dem Caesar-Erben und seinem General Marcus Agrippa zu Beginn des Winters 41, den Konsul in dem kleinen Etrusker-Städtchen Perusia (Perugia) einzuschließen. Die Siedlung wurde mit einem doppelten Ringwall umgeben. Anfang Februar 40 kapitulierte Lucius Antonius. Während ihm und seinen Soldaten freier Abzug gewährt wurde, verhängte Octavian über die Bevölkerung der Stadt ein blutiges Strafgericht. Sueton berichtet: »Nach der Einnahme von Perusia sprach er zahlreiche Todesurteile aus und antwortete denen, die Gnade zu erflehen oder sich zu entschuldigen suchten, mit dem einen Satz: ›Man muss sterben.‹ Gewisse Autoren berichten, er habe aus den Besiegten dreihundert ausgelesen, alle aus dem Ritter- und Senatorenstand, und sie an einem zu Ehren des vergöttlichten Julius errichteten Altar an den Iden des März wie Opfertiere niedermachen lassen« (Suet. Aug. 15). Die Stadt selbst brannte vollständig nieder. Als der Adoptivsohn Caesars in hohem Alter – inzwischen zum Friedensfürsten und Vater des Vaterlandes gemausert – die Bilanz seines Lebens aufmachte, deckte er den Mantel des Schweigens über die Schandtaten seiner Jugendjahre und formulierte keck: »... als Sieger habe ich allen Mitbürgern, die um Gnade baten, Verzeihung gewährt« (Aug. Res Gestae, 3). Jene, die das Gegenteil hätten beweisen können, ruhten längst unter der Erde.

Der Konflikt rund um die Ansiedlung der Heeresklientel hatte klargemacht, dass es früher oder später auch zu einer militärischen Konfrontation zwischen Octavian und Marcus Antonius kommen musste. Doch die Zeit schien noch nicht reif dafür. Während Ersterer darauf erpicht war, seine Herrschaft im Westen zu konsolidieren, musste Letzterer erst einmal den Osten unter Kontrolle bringen, wo die Parther die römischen Bürgerkriegswirren zu erneuten Gebietserweiterungen genutzt hatten. In den Jahren 40 bis 37 säumten deshalb mehrere Friedensschlüsse den Weg der zwei Rivalen ins finale Duell. In diesen faulen Kompromissen ging es stets nur darum, den endgültigen Bruch hinauszuzögern und eine Atempause zu gewinnen. Noch im Herbst 40 schlossen sie den Vertrag von Brundisium. Dabei verbesserte Octavian seine Position erheblich. Antonius verzichtete auf die gallischen Provinzen und gewährte dem erstarkten »Partner« den ganzen Westteil des Reiches mit Ausnahme Afrikas, das weiterhin Lepidus zustehen sollte. Seinen eigenen Einfluss beschränkte er auf den Osten. Das Kernland Italien sollte als gemeinsames Truppenreservoir dienen. Gleichzeitig verabredeten die beiden die Vergabe des Konsulats für die kommenden Jahre, ohne Lepidus einzubeziehen. Octavian erklärte sich bereit, alle Republikaner zu amnestieren, die Antonius begnadigt hatte oder die seinem Bruder Lucius gefolgt waren. Im Gegenzug willigte Antonius ein, als Priester des göttlichen Caesar (*flamen divi Iuli*) zu fungieren. Das wiederum brachte Octavian einen Prestigegewinn, denn dieses Zugeständnis rückte auch ihn in eine sakrale Sphäre. Um ihre Eintracht publikumswirksam zu besiegeln, richteten die beiden Bündnispartner eine Prunkhochzeit in Rom aus: Octavian verheiratete seine Schwester Octavia mit Antonius, dessen Frau Fulvia kurz zuvor gestorben war.

Im Frühjahr 39 sah sich Octavian gezwungen, auch mit dem verhassten Sextus Pompeius in Verhandlungen zu treten. Ursprünglich hatte er den republikanischen Admiral sofort bekämpfen wollen, weil dessen Blockade der Getreidelieferungen aus Afrika und Sizilien zu einem rasanten Anstieg der Lebenshaltungskosten in Rom führte. Doch als die Triumvirn zur Finanzierung des Krieges erneut ein Edikt mit der Ankündigung von Steuererhöhungen aushängen ließen, revoltierte die Stadtbevölkerung. Octavian selbst, der auf dem Forum zu einer aufgebrachten Menge sprechen wollte, geriet in Lebensgefahr: Er wurde mit Steinen beworfen. Ein bewaffnetes Einsatzkommando unter dem Befehl des Antonius trieb die Demonstranten auseinander. Es gab Tote und Verletzte. Unter diesem Eindruck konnte sich Octavian nicht länger dagegen sträuben, Kontakt zu dem verhassten Flottengeneral aufzunehmen. Im Frieden von Misenum wurde schließlich vertraglich geregelt, dass Pompeius über die Inseln Sizilien, Sardinien, Korsika und im östlichen Reichsteil über die Peloponnes herrschen sollte. Die zu ihm geflohenen Senatoren erhielten Vergebung und durften in ihre Heimat zurückkehren. Im Gegenzug verpflichtete sich Sextus, die besetzten Küstengebiete Italiens zu räumen, die Blockade zu beenden und die Nahrungsmitteltransporte passieren zu lassen.

Lange Dauer war diesen Absprachen allerdings nicht beschieden. Schon Anfang 38 flackerten die Feindseligkeiten wieder auf. Octavian begann zielstrebig aufzurüsten. Sein Freund Agrippa ließ eine neue Flotte auf Kiel legen, baute während des Winters 38/37 in Kampanien einen Hafen und bildete dort 20 000 Sklaven zu Rudermannschaften aus. Nun brauchte Octavian nur noch die Einwilligung seines Partners Antonius, um losschlagen zu können.

Antonius sträubte sich zunächst. Zu gerne hätte er Sextus Pompeius als Störfaktor im Westen erhalten, um den ungezügelten Ehrgeiz Octavians zu bremsen. Doch im Herbst 37 gab er nach. Auf Vermittlung Octavias trafen Bruder und Ehemann in Tarent zusammen. Antonius stimmte dem Krieg gegen den renitenten Admiral zu und lieh seinem Schwager zu diesem Zweck sofort 120 seiner Schiffe. Dafür versprach ihm Octavian, den ge-

planten Partherfeldzug mit 20 000 italischen Legionären zu unterstützen. Der Friedensschluss von Tarent umfasste auch eine
Klausel zur Verlängerung des Triumvirats um fünf Jahre. Als großer Gewinner dieses Vertrages durfte sich Octavian fühlen. Er
hatte jetzt freie Hand im Westen.

Herr des Westens

Wir schreiben das Jahr 36 v. Chr. – Octavian besiegt Sextus Pompeius.

Kaum war Antonius in den Osten abgereist, bereitete Octavian
alles für den entscheidenden Schlag gegen Sextus Pompeius vor.
Der jüngste Sohn des Pompeius Magnus, den der spätere Princeps
Augustus als gemeinen »Seeräuber« verunglimpfte, war ein be-
gnadeter Marine-Kommandeur und ein durchaus ernst zu neh-
mender Gegner. Kurz nach Caesars Ermordung hatte ihn Roms
Senat im Jahr 43 sogar offiziell zum »Flottenpräfekten und Beauftragten für die Küsten« gekürt. Er selbst nannte sich in der Auseinandersetzung mit Octavian stolz »Sohn des Neptun« und trug
statt eines roten einen blauen Feldherrnmantel. Das war nicht nur
Ausdruck seiner Herrschaft über das Meer, sondern auch der iro-
nisch-selbstbewusste Hinweis, dass er sich hinter dem »Sohn des
göttlichen Julius« nicht zu verstecken brauchte.

Allerdings machte er seine Rechnung ohne Marcus Agrippa.
Der General und enge Vertraute Octavians hatte im Schiffsbau für
einige technische Innovationen gesorgt. Die Seitenplanken entlang der Ruderbänke waren zum Schutz gegen Rammstöße mit
Balken verstärkt, die Decks erhöht und mit Türmen versehen worden, von deren Plattformen aus die feindlichen Einheiten leichter
beschossen werden konnten. Katapulte, die Enterhaken schleu-
derten, komplettierten die Ausrüstung.

Im Juli startete Octavian einen Zangenangriff auf Sizilien. Lepidus landete, von Afrika kommend, im Westen der Insel, Agrippa
attackierte die Nordküste, er selbst führte seine Truppen von Osten heran. Der Beginn der Operationen jedoch war verlustreich.

Ein plötzlich aufkommender Sturm behinderte die Invasoren, etliche ihrer Schiffe zerschellten in seichten Gewässern an Klippen. Lepidus konnte nur einen Teil seiner Armee bei Lilybaion absetzen und in Stellung bringen. Auch im zweiten Anlauf war Octavian nicht gerade vom Glück begünstigt. Obschon es ihm gelang, drei Legionen überzusetzen, fiel die Hälfte seiner Schiffe einer Attacke des Sextus Pompeius in der Straße von Messina zum Opfer. Agrippa operierte erfolgreicher. Er errang Anfang August bei Mylai einen Seesieg über eine Armada des Gegners, versenkte dabei dreißig Trieren und lud anschließend vier Legionen an der Westküste aus. Mit vereinten Kräften gelang es nun, den Feind einzukreisen. Die Entscheidung fiel jedoch nicht an Land, sondern auf dem Meer. Am 3. September 36 fochten die Flotten bei Naulochos den Endkampf aus, während die Soldaten beider Parteien am Ufer zusahen. Octavians Admiral Agrippa erwies sich wiederum als überlegen. Seine schweren Kriegsschiffe durchbrachen die feindliche Linie. Die meisten der dreihundert Einheiten des Pompeius wurden geentert oder zerstört. Mit nur siebzehn Schiffen entkam der »Sohn des Neptun« dem Untergang. Aber er entging seinem Schicksal nicht. Sextus Pompeius wurde wenig später in Kleinasien, wohin er geflohen war, von einem der Generäle des Antonius gefangen genommen und hingerichtet.

Jetzt sah Lepidus seine Stunde gekommen. Er wollte seine einstige Machtposition im Triumvirat zurückerobern. Nachdem die von Pompeius zurückgelassenen Truppen bei der Stadt Messene zu ihm übergelaufen waren, verfügte er plötzlich über 22 Legionen und war damit ebenso stark wie Octavian. Deshalb forderte er von seinem Kollegen selbstbewusst, er solle ihm Sizilien überlassen. Das konnte der Caesar-Erbe keinesfalls akzeptieren, wollte er die Getreidelieferungen von der Insel nach Rom nicht wieder in fremde Hände geben. So verlegte er sich auf das, was er am besten beherrschte: Er bestach die Soldaten mit Geld und Versprechungen. Ehe Lepidus noch recht registriert hatte, was hinter seinem Rücken geschah, stand er schon allein auf weiter Flur. So blieb ihm nichts übrig, als sich zu unterwerfen. Im Trauergewand suchte er Octavian auf und flehte um Gnade. Er hatte Glück, den Feldherrn nach dem Sieg in bester Laune anzutreffen. Octavian

enthob ihn des Amtes als Triumvir und verbannte ihn in die lati-
nische Küstenstadt Circei auf halben Weg zwischen Rom und Ne-
apel. Nur den Titel des Pontifex Maximus durfte er behalten, denn
der stand jedem seiner Träger bis zum Ende des Lebens zu. Erst
als Lepidus im Jahre 12 v. Chr. starb, übernahm Octavian diese
höchste Priesterwürde Roms selbst.

Der Sieg von Naulochos und die Entmachtung des Lepidus
bescherten dem jungen Caesar die Kontrolle über den ganzen
Westen des Reiches – ein großer Schritt auf dem Weg zur Monarchie war getan. »Von den ihm bewilligten Ehrungen nahm Octavian nur den kleinen Triumph (*ovatio*) und die jährliche Feier seiner
Siegestage entgegen, ferner, dass seine Statue auf dem Forum auf
einer goldenen Säule in jener Kleidung stehen solle, in der er die
Stadt betreten hatte. Rings um die Säule aber sollten Schiffs-
schnäbel angebracht werden. Das Bildwerk trug dann folgende
Inschrift: ›Den seit langem durch Bürgerkriege gestörten Frieden
hat er zu Wasser und zu Lande wieder hergestellt.‹« (App. BC V,
130 [538 ff.]). Laut Cassius Dio erhielt er außerdem das Recht, zu
jeder Gelegenheit einen Lorbeerkranz zu tragen, und es wurde
ihm die Unverletzlichkeit eines Volkstribunen zuerkannt (Cass.
Dio 49, 15 f.).

Die Schlacht von Actium

Wir schreiben das Jahr 31 v. Chr. – die Auseinandersetzung zwischen Octavian und Antonius erreicht ihren Höhepunkt.

Während Octavians Krieg um Sizilien von Erfolg gekrönt war,
endete der im Jahre 36 von Antonius gleichzeitig geführte Gene-
ralangriff auf die Parther in einem Desaster. Mit rund 100 000
Mann war er durch Armenien in den Nordwesten des iranischen
Hochlandes marschiert, konnte jedoch die Hauptstadt Phraaspa
mangels schwerem Belagerungsgerät nicht erstürmen. Als die
parthische Hauptarmee aus Mesopotamien heranrückte, musste
er abziehen. Er verlor insgesamt 28 000 Infanteristen und vier-
tausend Reiter. In dieser prekären Situation war ihm Octavian
keine Stütze. Von den 120 Kriegsschiffen, die ihm Antonius gelie-
hen hatte, gab er nur die Hälfte zurück. Und als der neue Herr des

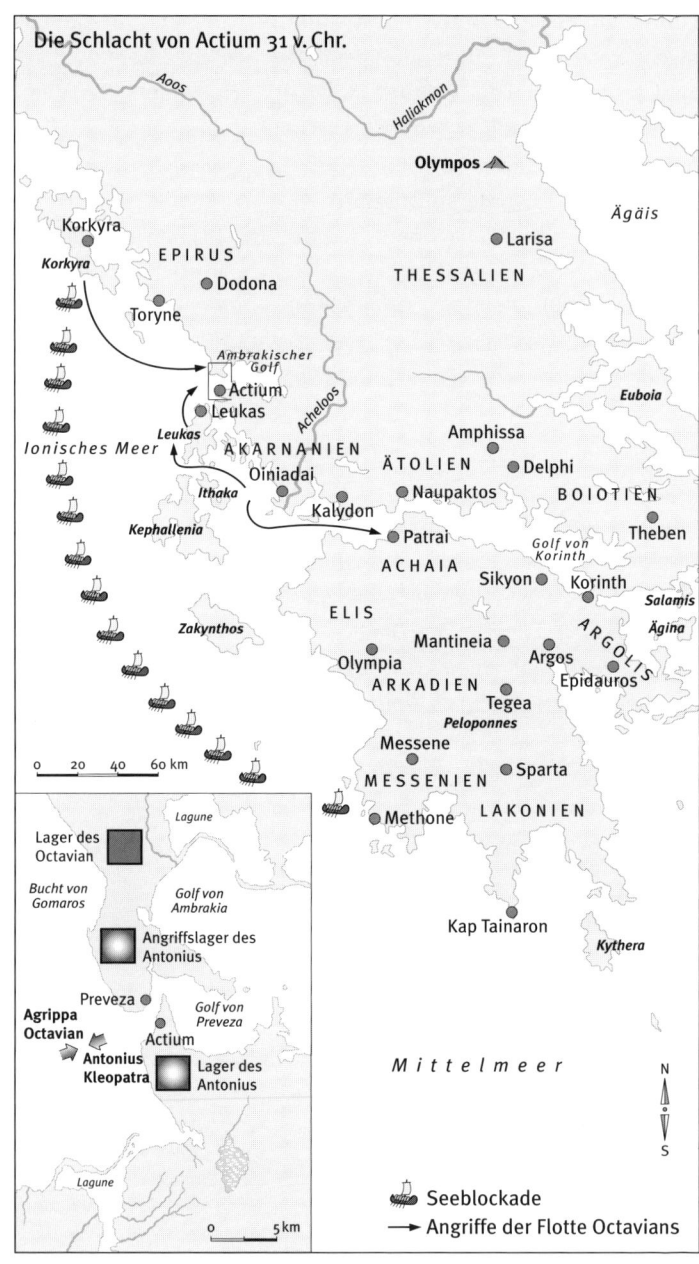

Die Schlacht von Actium 31 v. Chr.

Aoos

Haliakmon

Olympos

Ägäis

Korkyra
Korkyra
EPIRUS
Dodona
Larisa
THESSALIEN

Toryne

Ambrakischer Golf
Actium
Leukas
Leukas
Ionisches Meer
AKARNANIEN
Oiniadai
Ithaka
Kalydon
Kephallenia

Acheloos

Euboia

Amphissa
ÄTOLIEN
Delphi
Naupaktos
BOIOTIEN
Theben
Patrai
Golf von Korinth
ACHAIA
Sikyon
Korinth
Salamis

ELIS
Zakynthos
Mantineia
Olympia
ARKADIEN
Argos
ARGOLIS
Ägina
Epidauros
Tegea
Peloponnes
Messene
MESSENIEN
Sparta
Methone
LAKONIEN

0 20 40 60 km

Lagune
Lager des Octavian
Bucht von Gomaros
Golf von Ambrakia
Angriffslager des Antonius
Kap Tainaron
Kythera
Preveza
Agrippa
Octavian
Golf von Preveza
Actium
Antonius
Kleopatra
Lager des Antonius

Mittelmeer

N
S

Lagune

0   5 km

Seeblockade
Angriffe der Flotte Octavians

Westens im Frühjahr 35 seine Schwester Octavia mit Waffen und Geld für einen weiteren Partherfeldzug in Richtung Syrien entsandte, hatte sie statt der versprochenen 20 000 bloß zweitausend Legionäre dabei. Antonius, seit dem Jahr 42 mit der ptolemäischen Königin Kleopatra liiert und Vater von drei Kindern, war nach seiner Niederlage mehr als zuvor auf den Reichtum Ägyptens angewiesen. So befal er seiner rechtmäßigen Ehefrau, die von Athen aus brieflich Kontakt mit ihm aufgenommen hatte, ihm die Soldaten und alles Übrige zu schicken. Sie selbst möge nach Rom zurückkehren. Für Octavian war die schmachvolle Behandlung seiner Schwester ein gefundenes Fressen. Dass Antonius es wagte, einer orientalischen Dirne den Vorzug vor Octavia zu geben, schlachtete er publizistisch sogleich aus. In den patriotisch gesinnten Kreisen Roms wuchs die Abneigung gegen den Triumvirn des Ostens.

Wenig später servierte Antonius seinem Widersacher noch bessere Argumente für eine effektvolle Propaganda. Nach seinem Sieg über den Armenierkönig Artavasdes zog er Ende des Jahres 34 als Inkarnation des Gottes Dionysos prunkvoll in Alexandria ein, führte den gefangenen Monarchen in goldenen Ketten vor Kleopatra und ordnete den Osten neu – zulasten des Reiches. Plutarch berichtet: »Hass zog er [Antonius] sich auch durch die Länderverteilung zu, die er an seine Kinder in Alexandria vornahm und die theatralisch, überheblich und Rom-feindlich erschien. Er ließ nämlich das Volk sich im Gymnasium versammeln, auf einer Bühne zwei goldene Thronsessel aufstellen, den einen für sich, den anderen für Kleopatra, und dazu niedrigere für die Söhne, und erklärte erstens Kleopatra als Königin von Ägypten, Zypern, Libyen und Koile-Syrien unter Mitherrschaft von Kaisarion, welcher als Sohn des älteren Caesar galt, der Kleopatra schwanger zurückgelassen hatte; zweitens ernannte er seine Söhne zu ›Königen der Könige‹ und wies dem Alexander [Helios] Armenien, Medien und das Partherreich (sobald er es erobert haben würde), dem Ptolemaios [Philadelpos] Phönikien, Syrien und Kilikien zu« (Plut. Ant. 54). Auch seine Tochter Kleopatra Selene erhielt einen kleinen Herrschaftsbereich in Libyen, wie Cassius Dio ergänzt. Als Octavian davon erfuhr, ging er in die Offensive.

Im Senat prangerte er die Schenkungen des Antonius an – sie seien eine Verschleuderung von Volksvermögen und schmälerten den römischen Besitzstand. Vor allem die Anerkennung Kaisarions als rechtmäßiger Sohn Caesars musste ihn bis ins Mark treffen. Was folgte, war ein Propagandakrieg zwischen den beiden Machthabern, bei dem nicht einmal die intimsten Details aus dem Privatleben ausgespart blieben.

Am 1. Januar 32 traten dann zwei erklärte Antonius-Freunde das Konsulat in Rom an: Gaius Sosius und Gnaeus Domitius Ahenobarbus. Gleich in der ersten Senatssitzung des Jahres packte Sosius die Gelegenheit beim Schopfe, dankte seinem Gönner Antonius überschwänglich und feuerte verbale Breitseiten auf den abwesenden Octavian ab. Zwar ist der Inhalt seiner Rede nicht überliefert, doch die anwesenden Ratsherren zeigten sich so beeindruckt, dass sie beinahe einen Beschluss gefasst hätten, der den Absichten des Caesar-Erben grob zuwiderlief. Vermutlich sollten er und Antonius aufgefordert werden, ihre außerordentliche Gewalt unverzüglich niederzulegen. Ein Volkstribun verhinderte dies in letzter Sekunde mit seinem Veto. Octavian fühlte sich dennoch herausgefordert. In der nächsten Sitzung erschien er mit bewaffnetem Gefolge. Antonius' Anhänger verstanden die unverhohlene Drohung sofort. Dreihundert Senatoren und die Konsuln verließen die Stadt, um sich auf den Weg in den Osten zu machen. In Erwartung des bevorstehenden Krieges sammelte Antonius seine Truppen in Ephesos; im Mai 32 verlegte er sein Hauptquartier nach Athen, begleitet von Kleopatra. Von hier aus schickte er Octavia den Scheidungsbrief. Das entsprach einer Kriegserklärung an deren Bruder.

Der Zufall spielte Octavian bald darauf einen Trumpf in die Hände: Zwei angesehene Konsulare wechselten zu ihm über – verärgert über den enormen Einfluss der Kleopatra auf ihren Feldherrn. In Rom offenbarten sie dem Adoptivsohn Caesars, dass Marcus Antonius sein Testament im Tempel der Vestalinnen deponiert habe. Gegen Brauch und Herkommen sowie unter Verletzung sakralrechtlicher Bestimmungen erzwang Octavian die Herausgabe des Dokuments. Im Senat las er dann nur jene Passagen vor, die ihm am besten geeignet schienen, den Verfasser öffentlich zu diskreditieren. Dazu gehörten die Verfügungen, dass die Kinder Kleopatras zu seinen Erben zählen sollten und Antonius neben Kleopatra in Alexandria bestattet werden wollte. Ein Römer, der ein Grab in der Fremde seiner Heimaterde vorzog, stempelte sich selbst zum Außenseiter. Die Bekanntgabe dieser Klauseln nährte zudem das Gerücht, Antonius werde Kleopatra die Stadt Rom nach seinem Sieg zum Geschenk machen und das Zentrum des Reiches nach Ägypten verlegen. Octavians hinterhältige Propaganda verfehlte ihre Wirkung nicht. Senat und Volk erkannten Antonius die bereits vereinbarte Anwartschaft auf das Konsulat des Jahres 31 ab und entzogen ihm auch »jegliche sonstige Amtsgewalt«. Im gleichen Atemzug erklärte Rom der Königin den Krieg. Geschickt vermied es der junge Caesar, den Namen seines Rivalen ins Spiel zu bringen. So konnte er die Illusion aufrechterhalten, er ziehe gegen eine ausländische Macht und nicht gegen Bürger zu Felde. Italiens Städte leisteten daraufhin einen militärischen Treueschwur auf seine Person.

Im Sommer 31 standen sich die Kontrahenten mit ihren Heeren bei Actium gegenüber, einer kleinen Landzunge, die den Golf von Ambrakia an der Nordwestküste Griechenlands vom Ionischen Meer trennt. Antonius hatte neunzehn Legionen aus dem Osten nach Europa übergesetzt, dazu diverse Hilfskontingente orientalischer Fürsten und 12 000 Reiter. Octavian verfügte über dreizehn Legionen mit etwa 80 000 Mann. Im Golf von Ambrakia ankerte Antonius' Flotte aus fünfhundert Schiffen, unter ihnen viele schwere Einheiten mit acht und zehn Ruderreihen. Kleopatra hatte sechzig Galeeren bei sich. Mit seinen 250 Schiffen war Octavian eindeutig unterlegen. Doch Antonius konnte aus diesem Materialvorteil keinerlei Kapital schlagen, denn es fehlte ihm an Seeleuten. Zwar hatte er in Griechenland »Wanderer, Eseltreiber, Schnitter und unreife Jünglinge« (Plut. Ant. 62) zusammentreiben lassen und in die Marine gepresst, doch auch mit solchen Zwangsrekrutierungen vermochte er nur etwa 170 seiner gepanzerten »Kreuzer« zu bemannen. Das Personal war darüber hinaus ungeübt und unerfahren im Manövrieren. Auf der anderen Seite kommandierte wiederum Agrippa die Seestreitkräfte. Und der hatte inzwischen seine Taktik geändert. Anders als im Kampf gegen Sextus Pompeius setzte er nun nicht mehr auf übergroße Kriegsschiffe, sondern auf kleine, wendige Trieren mit hervorragend ausgebildeten Ruderern. Solcherart ausgestattet, harrten die beiden Rivalen wochenlang in ihren Stellungen aus. Keiner wagte den ersten Schritt. Antonius ließ sich nicht zu einer Seeschlacht provozieren, Octavian vermied den Schlagabtausch zu Lande. Als der Winter näher rückte, die Nahrungsmittel knapper wurden und es in seinem Heer erste Desertionen gab, sah sich Antonius zum Handeln gezwungen. Im Kriegsrat brachen allerdings Meinungsverschiedenheiten auf. Publius Canidius Crassus, der die Legionen des Antonius befehligte, vertrat die Auffassung, es sei besser, nach Thrakien oder Makedonien durchzubrechen und die Entscheidung dort mit der hoch motivierten Infanterie zu suchen. Er hielt es für unsinnig, die Fußtruppen auf Schiffen in ihr sicheres Verderben zu schicken. Dem widersprach Kleopatra. Sie plädierte dafür, strategisch wichtige Punkte mit Soldaten zu besetzen und das Hauptheer sowie die Flotte nach Ägypten in Sicherheit zu bringen. Dazu sei es jedoch nötig, das Risiko einer Seeschlacht auf sich zu nehmen. Sie setzte ihren Willen durch.

So wurde der 2. September 31 zum Schicksalstag für Antonius. Lange lagen sich die Reihen gegenüber. Gegen Mittag dann, als ein leichter Wind aufkam, starteten die Schiffe auf Antonius' linkem Flügel eine Attacke. Octavian ließ seinen rechten Flügel sogleich zurückrudern, um die schwerfälligen Einheiten aus der Meerenge auf die offene See zu ziehen, wo sie leichter eingekreist werden konnten. Die Schlacht war gerade »in vollem Gange, als man plötzlich die sechzig Schiffe der Kleopatra die Segel zur Abfahrt hissen und mitten durch die Kämpfenden hindurch fliehen sah« (Plut. Ant. 66). Auch Antonius setzte sich Richtung Peloponnes ab. In einem Fünfruderer holte er das Flaggschiff der Königin ein und rettete sich an Bord. Der größte Teil der Flotte blieb zurück, wurde erobert oder versenkt – fünftausend Menschen kamen ums Leben. Antonius selbst soll laut Plutarch so verzweifelt gewesen sein, dass er drei Tage lang schweigend auf dem Vorderdeck saß, ohne Kleopatra sehen zu wollen. Die antiken Historiker legten die Flucht des Antonius als Verrat aus, der auch durch seine sklavische Liebe zur Ptolemäerin nicht zu entschuldigen sei.

Da jedoch niemand die Absprachen im Kriegsrat kennt, ist in diesem Punkt kaum ein gerechtes Urteil zu fällen. Vieles spricht dafür, dass Antonius von Anfang an einen Durchbruchsversuch geplant hatte. Immerhin wurde ja ein Teil der Schiffe gerettet, so- dass die begründete Hoffnung bestand, den Kampf gegen Octavian noch einmal aufnehmen zu können. Wenn es anders kam, lag es allein am Landheer. Die neunzehn Legionen, tief deprimiert durch die Niederlage, schlossen sich Octavian an.

Antonius war verloren – Kleopatras Traum von der Herrschaft über Ägypten und Asien ausgeträumt. Schon als der gescheiterte Feldherr von der Kapitulation seiner Verbände in Makedonien hörte, unternahm er einen ersten Selbstmordversuch. Das Bündnissystem, das Antonius im Osten des Reiches geschmiedet hatte, brach auseinander. Die Klientelfürsten liefen der Reihe nach zum Sieger von Actium über – Legion um Legion fiel ab. Verzweifelt zog sich Antonius nach Alexandria zurück, wo er den Winter zwischen Schwermut und Rausch verbrachte. Als Octavian im Frühjahr 30 von Samos über Rhodos und Syrien nach Ägypten vorrückte, versuchte Antonius noch einmal mit seinem Rivalen zu verhandeln. Er bot ihm an, den Rest seines Lebens als Privatmann in Athen zu verbringen, doch Octavian ging nicht darauf ein. Den wahnwitzigen Vorschlag, die Entscheidung im Zweikampf zu suchen, konterte der Caesar-Erbe mit der spöttischen Bemerkung, seinem Kontrahenten stünden doch viele andere Wege zum Tod offen. Antonius blieb nichts anderes übrig, als sich am 1. August vor den Toren Alexandrias zur letzten Schlacht zu stellen. Doch es kam nicht dazu – seine Truppen ließen ihn abermals im Stich. Antonius zog sich in die Stadt zurück, rammte sich ein Schwert in den Bauch und starb wenig später in den Armen Kleopatras.

Auch die Königin musste bald erkennen, dass der neue Herrscher Roms zu keinerlei Zugeständnissen bereit war. Nicht einmal den Thron für ihre Kinder vermochte sie zu retten. Der kühl kalkulierende Sieger verfolgte nur zwei Ziele: Ägypten als Provinz einzuziehen und Kleopatra auf seinem Triumphzug in Rom zur Schau zu stellen. Dieser Schmach entzog sich die Regentin in ihrem Mausoleum ebenfalls durch Selbstmord. Octavian versagte ihr am Ende den Respekt nicht: Er erfüllte den letzten Willen sei-

nes Widersachers Antonius, indem er beide würdevoll nebenein-
ander in Alexandria bestattete. Gnadenlos allerdings zeigte er
sich jenen gegenüber, die ihm künftig seinen Rang hätten streitig
machen können: Den jungen Antyllus, den Sohn des Antonius aus
der Ehe mit Fulvia, ließ er ebenso hinrichten wie Kaisarion, den
Sohn seines Adoptivvaters Caesar.

Der erste Bürger des Staates

Wir schreiben das Jahr 27 v. Chr. – Octavian gibt seine außerordentliche Amtsgewalt an Senat und Volk von Rom zurück.

Der Sieger von Actium stand vor einem innenpolitischen Spagat: Einerseits wollte er seine Macht schnellstmöglich für die Zukunft sichern, andererseits musste er dafür erst einmal eine breite
gesellschaftliche Akzeptanz erzeugen. Das Beispiel seines Vaters
hatte ihm klar vor Augen gestellt, dass es gefährlich war, unter
Missachtung des Senats zu regieren. Also galt es der römischen
Aristokratie wieder genügend Spielraum für die Konkurrenz um
Ämter und Ehren zu eröffnen und sie ausreichend an der Willensbildung zu beteiligen. Doch der Senat war nicht mehr das wür-
dige Gremium aus der Zeit vor der Überschreitung des Rubikon:
Die Proskriptionen und Bürgerkriege hatten zu einem gewaltigen
Aderlass bei der Nobilität geführt, ganze Geschlechter waren ausgerottet. Statt der altadeligen Honoratioren von einst saßen nun
unzählige Aufsteiger auf den Ratsbänken der Kurie, unbegabte
Kreaturen aus einfachsten Verhältnissen, deren einzige Leistung
darin bestand, zur rechten Zeit die richtige Seite gewählt zu haben. Caesar und die Triumvirn hatten nicht unmaßgeblich dazu
beigetragen, die zentrale Institution der Republik auf rund ein-
tausend Mitglieder aufzublähen und so handlungsunfähig zu machen. Um die Bedeutung dieses »Parlaments« wieder zu erhöhen
und es gleichzeitig nach ihrem Willen zu formen, ließen sich Octavian und Agrippa im Jahr 28 die Amtsgewalt von Censoren
übertragen. Vorsichtig gingen sie daran, unerwünschte Elemente
zu entfernen. Im Zusammenhang mit diesem Ausleseverfahren

wurde Octavian offenbar auch zum *princeps senatus* ernannt, er war also der Erstgenannte in der Senatsliste – eine Stellung, die höchstes Sozialprestige garantierte. Durch Spiele, Spenden und eine umfangreiche Bautätigkeit in Rom versuchte Octavian die *plebs urbana* von sich zu überzeugen. Am Ende des Jahres 28 erklärte der Imperator überdies alle rechtswidrigen Anordnungen aus seiner Triumviratszeit für ungültig.

Damit war der Boden bereitet für den spektakulären Staatsakt des Jahres 27, den Octavian und seine engsten Freunde vermutlich monatelang ausgetüftelt hatten. Am 13. Januar trat er in der Kurie vor die versammelten Väter (*patres conscripti*) und gab in einer wohlvorbereiteten langen Rede das Heer, die Gesetzgebung, die Finanzen und die Provinzen an Senat und Volk von Rom zurück. Cassius Dio hat diese Ansprache im 53. Buch seiner »Römischen Geschichte« so rekonstruiert, wie sie ihm als kaiserlichem Beamten des 3. Jahrhunderts plausibel erschien. Wahrscheinlich erinnerte Octavian die Senatoren an seinen Eintritt in die Politik, an die Treuepflicht, die ihm die Rache für seinen ermordeten Adoptivvater gebot, und an den Staatsnotstand, in dem der Senat ihn, einen Jüngling, um militärischen Beistand ersuchte. Und er wird auch deutlich zum Ausdruck gebracht haben, dass er fernerhin die Last der Verantwortung für das Gemeinwesen nicht mehr schultern wolle. Man kann sich leicht vorstellen, wie die Senatoren darauf reagierten – mit einer Mischung aus Verblüffung und Unglauben. Die einen hielten es für eine geschickt inszenierte Komödie, die anderen für einen unverständlichen Gesinnungswechsel, der ihnen einfältig erscheinen musste. So kam es denn alsbald zu Zwischenrufen, die Octavian aufforderten, weiterhin für das Wohlergehen des Staates zu sorgen. Selbst Zweifler stimmten in den Chor ein aus Angst, sich zu desavouieren.

Am 16. Januar wurde dann im Senat ein Kompromiss ausgehandelt, der Octavians heimlichen Wünschen in jeder Hinsicht entsprach. Er erhielt mittels eines auf zehn Jahre befristeten *imperium proconsulare* die Verfügungsgewalt über jene Provinzen, in denen der größte Teil der römischen Truppen stand. Dazu gehörten unter anderem die beiden spanischen Statthalterschaften in der Terraconensis und in Lusitanien, ganz Gallien sowie Kilikien, Syrien, Phönikien, Zypern und Ägypten. Diese Territorien konnte er künftig durch Legaten verwalten lassen. Der Senat hingegen begnügte sich mit den befriedeten Reichsteilen wie Afrika, Griechenland, Makedonien, Sizilien, Sardinien und der spanischen Baetica. Für diese Länder durfte er selbst die Prokonsuln auswählen. Auf Drängen der Senatoren übernahm Octavian den Schutz der wiederhergestellten Republik. Im Gegenzug erkannte man ihm den Ehrentitel »Augustus« – der Erhabene – zu. In seinem eigenen Tatenbericht »Res Gestae« lesen sich die Ereignisse der Jahre 28/27 so: »In meinem sechsten und siebten Konsulat habe ich, nachdem ich die Flammen der Bürgerkriege gelöscht hatte und mit der einmütigen Zustimmung der gesamten Bevölkerung in den Besitz der staatlichen Allgewalt gelangt war, das Gemeinwesen aus meiner Machtbefugnis wieder der Ermessensfreiheit des Senats und des römischen Volkes überantwortet. Für dieses mein Verdienst wurde mir auf Beschluss des Senats der Name Augustus verliehen. Die Türpfosten meines Hauses wurden auf staatlichen Beschluss mit Lorbeer geschmückt, und ein Bürgerkranz wurde über meinem Tor angebracht. Ein goldener Schild wurde in der Curia Julia aufgestellt, den mir der Senat und das römische Volk geweiht haben wegen meiner Tapferkeit und Milde, meiner Gerechtigkeit und Hingabe, wie es die Aufschrift auf diesem Schild bezeugt. Seit dieser Zeit überragte ich alle übrigen an Autorität (*auctoritas*), an Amtsgewalt (*potestas*) aber besaß ich nicht mehr als die anderen, die auch ich im Amt zu Kollegen hatte« (Aug. RG 34).

Mit dem Verzicht auf die unumschränkte Macht hatte Octavian/Augustus tatsächlich die Anerkennung seiner Ausnahmestellung durch den Senat erreicht. Zwar trug der ausgehandelte Kompromiss noch immer den Stempel der Vorläufigkeit, zwar bedurfte die endgültige Ausgestaltung der Alleinherrschaft noch vieler verfassungsrechtlicher Verbesserungen, doch der entscheidende Schritt in das Prinzipat, das Regierungsmonopol des »Ersten Bürgers«, war getan. Octavian hatte ganz bewusst vermieden, Begriffe wie Königtum oder Diktatur zu verwenden, sondern sich an traditionell republikanischen Ämtern und Amtsgewalten orientiert, um seine quasi monarchische Herrschaft abzumildern und zu legitimieren. Für Velleius Paterculus, einen Geschichtsschreiber der frühen Kaiserzeit, begann mit Octavians Sieg im Bürgerkrieg eine neue Epoche. Er jubelte: »Nach zwanzig Jahren wurde der Bürgerkrieg beendet, die auswärtigen Kriege beigelegt, der Friede wiederhergestellt, die Raserei der Waffen allenthalben zur Ruhe gebracht. Die Gesetze erhielten ihre Kraft zurück, die Gerichte ihre Autorität, der Senat seine hohe Würde. (...) Die althergebrachte Form des Staates wurde wiederhergestellt, die Äcker fanden wieder Pflege, die Heiligtümer wurden geehrt, die Menschen genossen Ruhe und Frieden und waren sicher im Besitz ihres Eigentums.« (Vell. Pat. II, 89, 3 ff.).

Nicht alle jedoch mochten ob der neuen Verhältnisse in Begeisterungsstürme ausbrechen. Davon legt der Historiker Tacitus in seinen Annalen mit kritischem Unterton Zeugnis ab: »Als es nach dem Tod des Brutus und Cassius keine republikanische Heeresmacht mehr gab, als Pompeius bei Sizilien überwältigt war und nach der Ausschaltung des Lepidus und dem Selbstmord des Antonius auch der Partei Caesars kein anderer Führer blieb als Octavianus, da legte dieser den Titel Triumvir ab, wollte nur als Konsul gelten und sich zum Schutz des Volkes mit der Vollmacht des Tribunen begnügen. Sobald er dann die Soldaten durch Geschenke, das Volk durch eine Getreidespende, alle durch den verführerischen Reiz des Friedens gewonnen hatte, schob er sich allmählich empor und zog die Bedürfnisse des Senats, der Behörden, des Gesetzgebers an sich, ohne dass sich jemand widersetzte.« (Tac. Ann. I).

Die alten Zeiten aber waren nicht mehr zurückzuholen. Caesar hatte die freie Republik beerdigt – sein Sohn Octavian/Augustus formulierte die Grabinschrift. Zeitlebens spielte er dann auf der politischen Bühne die Rolle des ersten Bürgers und verbarg sein wahres Wesen unter einer Maske. Er beschwor die Leitbilder der Vergangenheit, um von der Gegenwart abzulenken. Selbstironisch zitierte er auf seinem Sterbebett im Jahre 14 n. Chr. die Formel, mit der sich Komödianten zu verabschieden pflegten: »Wenn es gut gefallen euch, gewährt Beifall diesem Spiel, und dankend lasst uns alle nun nach Hause gehen!« (Suet. Aug. 99).

Die außerordentlichen Ämter

Als sich Caesar zum *Diktator* küren ließ, griff er auf eine Institution zurück, die in Roms Verfassung ursprünglich nur für den Fall einer existenziellen außenpolitischen Bedrohung vorgesehen war. Das Amt hatte also zunächst rein militärischen Charakter. Sofern ein Krieg die Republik ernstlich in Gefahr brachte, erklärten die Senatoren den Staatsnotstand (*senatus consultum ultimum*) und benannten einen Kandidaten aus ihren Reihen, der dann von einem der beiden Konsuln eingesetzt wurde. Der Diktator vereinigte die gesamte Exekutivgewalt in seiner Person; alle Magistrate hatten in frühester Zeit zurückzutreten, später wurden sie ihm untergeordnet. Das Prinzip der Kollegialität galt für ihn nicht, da seine Entscheidungsfreiheit nicht durch das Veto eines gleichgestellten Beamten eingeschränkt werden sollte. Der Diktator musste nur umgehend einen *magister equitum*, einen Reiterführer und untergeordneten Adjutanten, benennen. Allerdings war seine fast grenzenlose Macht auf sechs Monate befristet – die ser Zeitraum genügte in der Regel, um einen Sommerfeldzug zu Ende zu bringen. Sollte der Notstand dann noch nicht beendet sein, benannte man für das fol gende Jahr erneut einen solchen Ausnahme-Beamten. Kriegführende Diktatoren (*dictator rei gerundae causa*) sind aus den Samnitenkriegen (4./3. Jahrhundert v. Chr.) und auch aus dem Hannibal-Krieg (Ende 2. Jahrhundert v. Chr.) bekannt. Danach brauchte Rom diese Institution nicht mehr, es beherrschte relativ unangefochten Italien und den Mittelmeerraum.

Erst Lucius Cornelius Sulla zog das ausgebleichte Amtsgewand im Jahre 82 wieder aus der republikanischen Klamottenkiste, diesmal jedoch zur Bewältigung innenpolitischer Probleme. Er ließ sich zum *dictator legibus scribundis et rei publicae constituendae* ernennen, also zum »Diktator für die Gesetzgebung und die Wiederaufrichtung der Republik«. Hier gab es keine zeitliche Begrenzung, entscheidend war die Erfüllung der Aufgabe. Caesar nahm sich daran ein Beispiel, jedoch wollte er sich – weit über Sulla hinausgehend – damit die Alleinherrschaft auf Lebenszeit sichern. Nach der Ermordung des Juliers schaffte Marcus Antonius 44 die Diktatur ein für alle Mal ab. Und Octavian, der spätere Kaiser Augustus, vermied es peinlichst, den diskreditierten Begriff »Diktator« auch nur in den Mund zu nehmen.

Die Übernahme der Sittenaufsicht oder *Censur* bildete einen weiteren, nicht unerheblichen Baustein im caesarianischen Machtgebäude. Das Amt der zwei Censoren, die alle fünf Jahre für die Dauer von achtzehn Monaten gewählt wurden, galt als das vornehmste der alten Republik und wurde nur den angesehensten Konsularen – gewesenen Konsuln – übertragen. Ihre Hauptaufgabe war die Eintragung der Bürger in die Steuerlisten und in die Verzeichnisse der Wahlbezirke. Zudem oblag ihnen die Überprüfung der moralischen Integrität der Senatsmitglieder (*cura* *oder praefectura morum*). Stellten sie bei der Überprüfung des privaten Lebenswandels der Ratsherren Verstöße gegen Brauch und Herkommen fest, konnten sie Strafen verhängen, die über Ermahnungen und Steuererhöhungen bis zum Ausschluss aus dem ehrwürdigen Gremium reichten. Wer seine Kinder verlottern ließ, seine Frau misshandelte, grausam zu Sklaven war, die Familienkulte vernachlässigte, sexuellen Ausschweifungen, Trunksucht und Fressgelagen frönte, musste mit entsprechenden Strafen rechnen. Als sicher gilt, dass die Censoren auch Bürger vom aktiven und passiven Wahlrecht ausschließen durften. Gegen solche Urteilssprüche (*nota censoria*) mit all ihren Folgen konnte kein Volkstribun Einspruch erheben. Selbst auf den Staatshaushalt hatten diese außerordentlichen Amtsträger großen Einfluss, denn sie verpachteten die Einkünfte aus Steuern, Zöllen, Bergwerken oder Ländereien an meistbietende Privatunternehmer.

+++ Caesars Bild im Wandel der Geschichte +++

Die Asche von Caesars Scheiterhaufen war kaum erkaltet, da errichtete das Volk schon einen Altar, um zu beten und zu opfern. Wenig später erhob sich an dieser Stelle des Forums der Tempel für den neuen Staatsgott. Drohend lastete sein Schatten jahrelang auf Rom. Im Tode mächtiger noch als im Leben, zwang er als rächendes Gespenst seine Widersacher bei Philippi in die Knie. Augustus distanzierte sich vorsichtig von ihm. Danach entschwand er allmählich ins Reich der Legende. Auf die Historiker vieler Generationen jedoch übte die Gestalt Caesars große Anziehung aus. Seine Tatkraft, Wortgewalt, Kühnheit und sein Ehrgeiz beschäftigen sie bis auf den heutigen Tag. Unumstritten sind dabei seine großen Begabungen als Feldherr, Schriftsteller, Redner und Organisator. Ob er allerdings auch ein weitblickender Staatsmann war, darüber gibt es immer noch Kontroversen.

Die Zeitgenossen

Das ambivalente Bild Caesars – hier der kühl kalkulierende und siegreiche General, dort der übersteigertem Ehrgeiz folgende Alleinherrscher – findet sich bereits bei seinen Zeitgenossen. Ihr Unbehagen über den Politiker, der die republikanische Ordnung negierte, strahlte auf die Nachwelt aus. In seiner zweiten, hasserfüllten Rede gegen Marcus Antonius, aufgeschrieben im Oktober 44, urteilt Cicero über den toten Caesar: »Er besaß Geist, einen scharfen Verstand, ein gutes Gedächtnis, wissenschaftliche Bildung, Arbeitskraft, Scharfsinn und Umsicht. Seine Kriegstaten waren zwar ein Unglück für den Staat; sie waren aber dennoch bedeutend. Viele Jahre hatte er auf die Errichtung einer Zwangsherrschaft hingearbeitet, mit großer Anstrengung und beträchtlichem Risiko hatte er seine Pläne in die Tat umgesetzt. Durch Spiele, Bauten, Spenden und Volksbankette hatte er die unwissende Menge geködert; seine Anhänger hatte er durch Belohnungen, seine Gegner durch den Schein der Milde an sich gefesselt. Mit einem Wort: Er hatte eine freie Bürgergemeinschaft alsbald teils durch Einschüchterung, teils durch Nachgiebigkeit an das Sklavenjoch gewöhnt« (Cic. Phil. II, 116). Das Attentat auf Caesar rechtfertigt er als Tyrannenmord – Brutus und Cassius gelten ihm als Freiheitshelden. In einer Anspielung auf Caesars besondere Beziehung zu Fortuna formulierte er bereits am 2. September 44: »Wer meint, Caesar sei glücklich gewesen, der ist selbst zu bedauern. Glücklich ist niemand, der so lebt, dass man ihn nicht nur ungestraft ermorden, sondern sogar als sein Mörder höchsten Ruhm gewinnen kann« (Cic. Phil. I, 35).

Anders als Cicero, welcher der Opposition nahestand, gehörte Sallust (86–35) zur Gefolgschaft des Juliers – diesem verdankte er Förderung und Reichtum. In seiner Monografie über die Verschwörung des Catilina, die wohl 42, im Jahr der Entscheidungsschlacht bei Philippi, erschien, vergleicht er Caesar mit seinem republikanischen Gegenspieler Cato und zeichnet beide auf den ersten Blick mit einer gewissen Sympathie. In Anlage und Charakter völlig unterschiedlich, verkörpern sie die römischen Tugenden (*virtus*): »Spenden und Freigebigkeit verdankte Caesar seinen

Ruf, Cato der Reinheit seines Lebenswandels. Der eine war durch Milde und Barmherzigkeit berühmt geworden, dem andern hatte sein strenges Urteil Ansehen verschafft. Bei dem einen fanden Unglückliche eine Zukunft, beim andern Bösewichter ihr Verderben. Hier rühmte man freundliche Gefälligkeit, dort Unerbittlichkeit. Caesar schließlich hatte sich vorgenommen, tätig und wachsam zu sein; mit den Interessen seiner Freunde eifrig beschäftigt, vernachlässigte er die eigenen; nichts, was ihm schenkenswert erschien, vermochte er abzuschlagen; für sich ersehnte er große Macht, ein Heer und einen ganz neuen Krieg, wo seine Fähigkeiten sich im rechten Glanze zeigen könnten. Cato dagegen war ein Freund der Selbstbeherrschung, der Ehrbarkeit, besonders aber ernster Strenge. Nicht suchte er den Reichen im Reichtum, den Parteimann in Parteileidenschaft zu überbieten; nein, mit dem tatkräftigen Manne wetteiferte er in Tüchtigkeit, mit dem ehrenhaften in gutem Anstand, mit dem unbescholtenen in unsträflicher Lebensführung; lieber wollte er gut sein, als gut scheinen; je weniger er also den Ruhm suchte, umso mehr wurde er ihm von selbst zuteil« (Sall. Cat. 53 f.). Dass Sallusts Caesar-Porträt mehr als doppelbödig ist, zeigt sich erst in Verknüpfung mit der großen Rede, die er Cato kurz zuvor in den Mund legt: »Da redet mir noch einer von Milde und Mitleid! Schon längst haben wir verlernt, die Dinge beim rechten Namen zu nennen: Fremdes Gut verschenken heißt Freigebigkeit, frecher Mut zu bösen Streichen Tapferkeit; deshalb steht der Staat am Rande des Abgrundes« (Sall. Cat. 52, 11). Obwohl ein Kriegsgewinnler von Caesars Gnaden, blitzen hier Zweifel auf an der Rechtmäßigkeit seines Handelns und der seines Gönners. Dieser Zweideutigkeit konnten sich auch die Nachgeborenen kaum entziehen.

Prinzipat und Spätantike

Bei den Trauerfeierlichkeiten für Augustus wurden römischer Tradition gemäß die Bilder seiner Vorfahren und die Masken aller großen Persönlichkeiten der Geschichte mitgeführt. Nur einer

fehlte in der Schar der Heroen: Caesar. Der monarchische Neube-
gründer des Reiches hatte den Adoptivvater sachte in den Hintergrund gerückt. In seinem posthum publizierten Rechenschafts-
bericht geht der »Friedensfürst« nur einmal auf seinen berühmten
Wegbereiter ein: »Diejenigen, die meinen Vater ermordet haben,
trieb ich in die Verbannung und rächte durch gesetzmäßige ge-
richtliche Verfolgung so ihr Verbrechen. Und als sie darauf Krieg
gegen den Staat anfingen, besiegte ich sie in doppelter Feld-
schlacht« (Aug. RG 2). Selbst in den klassischen Dichtungen jener
Epoche – bei Horaz, Vergil und Ovid – taucht der Eroberer Galliens nur selten auf. Der augusteische Haus- und Hofhistoriker Livius (59 v. – 17 n. Chr.) stellte damals sogar die Frage, ob es für den
Staat nicht besser gewesen wäre, wenn es Caesar nie gegeben
hätte. Eine nicht zu unterschätzende Wirkung auf die öffentliche
Meinung übte auch das Epos »Pharsalia« des unter Nero schrei-
benden Dichters Lucan (30–65) aus. Er stempelt Caesar zum blut-
gierigen Monster, das sich bei der Überschreitung des Rubikon
vom Frieden, vom Recht und von allen Verträgen lossagt, um sich
mit Feuer und Schwert Bahn zu schaffen. Plinius d. Ä. (ca. 23–79)
urteilt differenzierter: Er lobt in seiner Naturgeschichte Caesars
Geistesgaben, die Schnelligkeit seiner Gedanken, die ihm eigene
Lebenskraft sowie seine Milde, tadelt jedoch das durch den Bürgerkrieg der Menschheit zugefügte Leid (»das aber will ich ihm
nicht zum Ruhme anrechnen«).

Erst der Adoptivkaiser Trajan (98–117) sah in ihm wieder ein
Vorbild. Münzprägungen gedachten seiner als Feldherr, idealisier-
te Caesar-Porträts entstanden. Vor diesem Hintergrund schrieben
der Moralist Plutarch (ca. 45–125) und der Anekdotensammler
Sueton (ca. 70–130) ihre weit in die Zukunft wirkenden Biogra-
fien. Der sehr belesene griechische Philosoph Plutarch schildert
Caesars Weg in die Tyrannis als einen Akt der bewussten Entscheidung, getroffen schon in jungen Jahren. Sein ganzes Leben lang
habe der Julier nach der Herrschaft gestrebt. Hinter einer hei-
teren Miene verbarg er seine kraftvolle Persönlichkeit und seine
wahren Absichten. Die vielen übertriebenen Ehrungen und Caesars Ungeschicklichkeiten im Umgang mit dem Senat führten
zwangsläufig in die Katastrophe. Gleichsam ergänzt wird dieses

Bild durch die Schlüssellochperspektive, die der aus dem römischen Ritterstand stammende Sueton wählte, um den privaten Caesar vorzuführen. Krieg und Politik sind in seiner Darstellung stark komprimiert, Klatsch und Tratsch breit ausgewalzt. Dieser Prototyp eines Boulevardjournalisten lobt zwar Caesars Milde und Mäßigung während des Bürgerkriegs, tadelt aber auch das provozierende Verhalten des Diktators in seinen letzten Tagen: Etliche seiner Taten und Aussprüche waren so schwerwiegend, dass man der Ansicht sein könne, er sei zu Recht umgebracht worden (Suet. Caes. 76,1).

Mittelalter und Renaissance

Nach den Stürmen der Völkerwanderungszeit verblasste das Bild des Römers im Abendland allmählich. Für viele Jahrhunderte schwand er aus dem Bewusstsein des europäischen Geisteslebens, verbannt hinter Klostermauern, wo kirchliche Chronisten die Werke antiker Geschichtsschreiber, Dichter und Redner in staubigen Bibliotheken hüteten. Obgleich sein Name in der Bezeichnung Kaiser fortlebte, beriefen sich nur einzelne Herrscher wie Otto III. und Friedrich II. ausdrücklich auf ihn. Die Gründungslegenden zahlreicher Städte und die fingierten Stammbäume vieler Adelsgeschlechter bewahrten zwar sein Andenken, aber die historische Gestalt blieb schemenhaft. Auch wenn ihn das Mittelalter neben dem trojanischen Prinzen Hektor und dem Makedonenkönig Alexander zu den »drei guten Heiden« rechnete, die auf Brunnen und Wandteppichen dargestellt wurden – eine tiefere Beschäftigung mit ihm fand kaum statt. Der Dichter Dante Alighieri (1265–1321) gehörte zu den wenigen, die Caesar dem Schattenreich entrissen. In seiner »Göttlichen Komödie« huldigt er ihm im Paradies-Gesang. Seine Mörder Brutus und Cassius dagegen lässt er zusammen mit Judas Ischariot, dem Verräter des Erlösers, in der tiefsten Hölle schmoren.

Erst die Wiedergeburt der Antike im Zeitalter der Renaissance brachte Caesar wieder ins Bewusstsein. Petrarca (1304–1374) sichtete akribisch die Quellen und befreite die Überlieferung von allen legendären Bestandteilen. Wohl konnte er sich persönlich nicht entscheiden, ob Scipio Africanus oder Caesar der größere Held Roms sei, doch die von ihm verfasste wissenschaftliche Biografie und die ungeklärte Frage lösten nur wenig später einen berühmten Disput in Humanistenkreisen aus. Dabei trat auch die Ambivalenz Caesars wieder zutage: Man feierte sein Genie, lehnte aber sein antirepublikanisches Handeln ab.

Philologische Studien, numismatische Forschungen und militärgeschichtliche Betrachtungen erweiterten seit dem 16. Jahrhundert kontinuierlich die Erkenntnisse. Etliche Fürsten Italiens, die sich selbst gewaltsam den Weg nach oben gebahnt hatten, bewunderten den Usurpator als Vorbild, der Vorname »Cesare« kam in Mode. Monumente, Skulpturen und Gemäldezyklen spiegelten seine Geschichte.

In den Ländern jenseits der Alpen gewann der Diktator bei den großen Herrschern ebenfalls an Popularität, man übertrug seine Schriften in die jeweiligen Landessprachen. So konnte es nicht ausbleiben, dass Philosophen und politische Denker jener Epoche sein Wirken ins Visier nahmen. Montaigne (1533–1592) zeigte sich fasziniert von Caesars Persönlichkeit, fühlte sich jedoch von dessen Machtstreben abgestoßen. Ähnlich urteilte Francis Bacon (1561–1626): Er sah in ihm nicht den Visionär, sondern einen Pragmatiker, der auf aktuelle Herausforderungen reagierte. In der Folge verarbeiteten auch Dichter den dramatischen Stoff, den das Leben des Juliers so reichlich bot. Shakespeares Bühnenstück »Julius Caesar« (1598/99), das er aus Plutarchs Biografie schöpfte, begeistert die Zuschauer bis auf den heutigen Tag.

Das 18. Jahrhundert

Einen kritischen Blick auf die historische Persönlichkeit Caesars warf der französische Rechtsgelehrte und Staatsphilosoph Montesquieu (1689–1755). Er konnte zwar dem »außergewöhnlichen Mann« seine Anerkennung nicht versagen, relativierte aber die

Das längste Jahr der Weltgeschichte

Drei Dinge hinterließ Caesar der Nachwelt, die ihm gleichsam dauerhafte präsenz sicherten: Sein Cognomen – der dritte Bestandteil des Gesamtnamens im lateinischen Namenssystem – Caesar verwandelte sich in den allen geläufigen Herrschertitel Kaiser, sein Geschlechtername Julius blieb als Bezeichnung des siebten Monats »Juli« erhalten und die Kalenderreform, die er mithilfe des griechischen Astronomen Sosigenes ins Werk setzte, besitzt noch heute Gültigkeit.

Das römische Jahr war ursprünglich am Mond ausgerichtet und zählte 355 Tage. Die Priesterschaft hatte eigentlich die Aufgabe, alle zwei Jahre einen Schaltmonat einzufügen, um das Jahr mit dem Sonnenzyklus in Einklang zu bringen. Doch die Verantwortlichen verfuhren dabei zu schludrig, dass in Caesars Tagen »weder das Erntefest in den Sommer noch das Fest der Weinlese in den Herbst fiel« (Suet. Caes. 40). In seiner Eigenschaft als Oberpriester sah sich Caesar deshalb genötigt, Ordnung zu schaffen. So wurde das Jahr 46. v. Chr. mit einer Dauer von fünfzehn Monaten zum längsten Jahr der Weltgeschichte. Der Grammatiker Censorinus beschrieb die Reform in seinen »Betrachtungen zum Tag der Geburt« im Jahre 238 n. Chr. ausführlich:

»Es kam zu so schweren Abweichungen, dass der Pontifex Maximus Gaius Julius Caesar unter seinem dritten und des Marcus Aemilius Lepidus Konsulat zunächst zur Korrektur des zurrückliegenden Fehlbetrags zwei Schaltmonate von insgesamt 67 Tagen zwischen November und Dezember einschob, obwohl er bereits im Februar 23 Tage eingeschaltet hatte, und so jenes Jahr auf 445 Tage ausdehnte. Gleichzeitig traf er Maßnahmen für die Zukunft, um die Wiederholung des Fehlers zu verhindern: Durch Aufhebung des Schaltmonats schuf er ein bürgerliches Kalenderjahr nach Maßgabe des Umlaufs der Sonne. Folglich fügte er den 355 Tagen noch zehn hinzu, die er auf die sieben Monate mit den 29 Tagen so aufteilte, dass zu Januar, Sextilis (August) und Dezember je zwei kamen, zu den übrigen je einer. Diese Tage hängte er an die Monatsenden an, natürlich deshalb, weil die Kultfeste der einzelnen Monate nicht von ihrem Datum gerückt werden sollten. (...) Außerdem verfügte Caesar im Hinblick auf den Vierteltag, der allem Anschein nach das wahre Jahr vervollständigte, dass nach Ablauf einer Vierjahresfrist dort, wo man früher einen Monat einzuschalten pflegte, nämlich nach dem Terminalienfest (24. Februar), nun ein Tag eingeschaltet werden sollte, den man heute Bissextus (zweimal der Sechste, von den Kalenden des März

[1.3.] aus rückwärts gerechnet) nennt« (Cens. 20, 8 ff., zit. nach Will, Caesar, S. 171).

Damit war ein für alle Bürger verbindlicher Kalender geschaffen, welcher der Willkür der Priesterschaft entzogen war. Allerdings hatte sich Sosigenes ein klein wenig verrechnet. Denn das mittlere Sonnenjahr dauert keine 365,25, sondern 365,2425 Tage. Papst Gregor XIII. korrigierte diesen Fehler. Er ordnete im Februar des Jahres 1582 an, dass im Oktober zehn Tage übersprungen werden sollten – auf den 4. folgte in diesem Jahr sogleich der 15. Oktober. Um das Frühlings-Äquinoktium auch weiterhin auf den 21. März fallen zu lassen, müssen jedoch alle vierhundert Jahre drei Julianische Schalttage wieder gestrichen werden.

hoch gelobte Milde des Diktators: »Caesar verzieh jedem. Aber mir scheint, dass die Mäßigung, die man an den Tag legt, nachdem man sich alles gewaltsam angeeignet hat, keine großen Lobreden verdient.« Auch die Arroganz, die der Julier gegenüber dem römischen Senat zur Schau trug, habe bei den Betroffenen für Ernüchterung gesorgt: »Deshalb wurde selbst seine Milde beleidigend. Man sah, dass er nicht verzieh, sondern nur zu strafen verschmähte.« So hatte Montesquieu in letzter Konsequenz Verständnis für die Attentäter. Das römische Staatswesen aber steuerte seiner Ansicht nach aufgrund innerer Schwächen zwangsläufig auf die Monarchie zu: »Da die Republik notwendigerweise untergehen musste, war nur noch die Frage, durch wen und wie sie gestürzt werden musste.« Und an anderer Stelle konstatiert er: »Wenn Caesar und Pompeius wie Cato gedacht hätten, so würden andere wie Caesar und Pompeius gedacht haben, und die einmal zum Untergange bestimmte Republik wäre durch eine andere Hand in den Absturz gerissen worden.«

Johann Gottfried Herder (1744–1803) konnte sich zwar dem Reiz der Person Caesars nicht ganz entziehen, dennoch rückte er erstmals die Leiden und die Verluste der Besiegten in den Mittelpunkt der Betrachtung. Rom bezeichnete er als eine »Räuberhöhle«, die Leistungen der Feldherrn als »Mörderhandwerk« und »Würgekunst«. In seiner kleinen Charakterstudie »Caesar und Alexander. Eine weltgeschichtliche Vergleichung« lobt Friedrich Schlegel (1772–1829) an dem Julier zunächst die »vollkommene Harmonie seines großen Verstandes«, die »tätige Kraft« und »hohe Nüchternheit«, die ihn allen anderen überlegen erscheinen ließ. Nur wenige Zeilen später jedoch kommt er, gleich Montesquieu, auf Caesars tolerante Behandlung seiner Bürgerkriegsgegner zu sprechen. Man dürfe diese Haltung »seinem gütigen Herzen nicht zurechnen«, urteilt Schlegel, »und an ein Gefühl von Achtung für Pflicht und Recht ist vollends bei ihm gar nicht zu denken. Ich gestehe es, ich habe keinen rechten Glauben an die natürliche Milde eines rachsüchtigen Eroberers, von dem es so ausdrücklich gerühmt wird, dass er die berühmtesten Blutvergießer weit übertroffen habe, dem es nicht einmal einen Entschluss kostete, selbst die entsetzlichste, wenn nur zweckmäßige Grausamkeit zu vollbringen.« Caesar sei vielleicht nur deshalb so versöhnlich gewesen, »weil er eigentlich niemanden achtete und auch niemand liebte«.

Das 19. Jahrhundert

Das 19. Jahrhundert gilt als die klassische Epoche der deutschen Altertumswissenschaft. In ihr entwickelte sich ein Caesar-Bild, das an Monumentalität seinesgleichen sucht. Anknüpfend an Montesquieus Verdikt von der inneren Notwendigkeit, mit der die römische Republik zugrunde ging, sprach der Philosoph Hegel (1770–1831) den »kolossalen Individualitäten«, die das Ende dieses Staatswesens beschleunigten, »die höhere Berechtigung des Weltgeistes« zu. Caesar sei ein Muster an Zweckmäßigkeit gewesen, »der mit richtigstem Verstande seine Entschlüsse fasste und sie aufs tätigste und praktischste, ohne weitere Leidenschaft, zur Ausführung brachte«. Cicero, Brutus und Cassius erlagen seiner Ansicht nach dem »merkwürdigen Irrtum«, die Republik werde wiederkehren, sobald diese eine Person entfernt sei. »Unmittelbar darauf aber zeigte es sich, dass nur einer den römischen Staat leiten könne.« Der Kulturhistoriker Jacob Burkhardt (1818–1897) ging, von Hegel inspiriert, in seiner Beurteilung der Endphase der Republik noch einen Schritt weiter: »Was Wettkampf großer Persönlichkeiten betrifft, so ist diese Zeit die erste in der Weltgeschichte. Was nicht groß war, das war doch charakteristisch, energisch, wenn auch ruchlos nach großem Maßstab geschnitzt.« Seine Caesar-Verehrung gipfelt in einer fast hymnischen Apotheose des Diktators: »Alles Große aber sammelt sich in der wunderbaren Gestalt Caesars: in Betreff der Begabung vielleicht der größte Sterbliche.«

Übertroffen wurde dieses Caesar-Porträt nur noch von jenem »des demokratischen Monarchen«, das Theodor Mommsen (1817–1903) in seiner »Römischen Geschichte« entwarf. In seiner sprachgewaltig-pathetischen Darstellung, für die er den Literatur-Nobelpreis erhielt, wird Caesar zu einem unübertroffenen und letztlich auch unübertreffbaren Genie: »Seine Natur ist durchsichtige Klarheit ... Das Geheimnis liegt in seiner Vollendung. Menschlich und geschichtlich steht Caesar in dem Gleichungspunkt, in welchem die großen Gegensätze des Daseins sich ineinander aufheben. Von gewaltiger Schöpferkraft und doch zugleich vom durchdringendsten Verstande; nicht mehr Jüngling und noch nicht Greis; vom höchsten Wollen und vom höchsten Vollbringen; erfüllt von republikanischen Idealen und zugleich geboren zum König; ein Römer im tiefsten Kern seines Wesens ... ist Caesar der ganze und vollständige Mann. (...) Aber eben hierin liegt auch die Schwierigkeit, man darf vielleicht sagen, die Unmöglichkeit, Caesar anschaulich zu schildern. Wie der Künstler alles malen kann, nur nicht die vollendete Schönheit, so kann auch der Geschichtsschreiber, wo ihm alle tausend Jahre einmal das Vollkommene begegnet, nur darüber schweigen.« Die Monarchie, die der Julier von Anfang an einzuführen plante, sei nicht »die orientalische Despotie von Gottes Gnaden« gewesen, sondern »die Vertretung der Nation durch ihren höchsten und unumschränkten Vertrauensmann«. Das Attentat an den Iden des März war aus Mommsens Blickwinkel »eine grauenvolle, weil lächerliche und erfolglose Tat«, die Brutus vollzog »wie ein Henker das Urteil eines Gerichteten«: »Was weiter geschehen sollte, daran dachte niemand.« Der Althistoriker Alfred Heuss (1909–1995) bezeichnete Mommsens wuchtige Charakterstudie später als »weltliche Heiligenlegende«.

20. Jahrhundert und Gegenwart

»Ein Mann wie Mommsens Caesar hat überhaupt niemals existiert«, behauptete Eduard Meyer (1855–1930) zu Beginn des neuen Jahrhunderts apodiktisch. In seinem Buch »Caesars Monarchie und das Principat des Pompeius«, erschienen 1918, versuchte er im Gegenzug, den unterlegenen Rivalen des Juliers zum großen Staatsmann zu stilisieren. Die Bemühungen des Pompeius, zum ersten Bürger der Republik zu werden, der alle anderen an Einfluss weit überragt, weise direkt auf die Herrschaftsform voraus, die Octavian/Augustus in bewusster Abkehrung von Caesars

Monarchie wählte. Allerdings konnte sich selbst Meyer nicht ganz freimachen von Mommsens suggestiver Porträtkunst: Denn auch er musste dem Diktator politische und militärische Qualitäten zugestehen, die seinen Vorrang und zuletzt seinen Sieg über Pompeius begründeten. 1921 erschien Matthias Gelzers (1886–1974) vollständig aus den Quellen gearbeitete Biografie »Caesar. Der Politiker und Staatsmann«, die inzwischen wegen ihrer Materialfülle als unentbehrliches Referenzwerk gilt und im Jahre 2008 nachgedruckt wurde. Was er über seinen Protagonisten zu sagen wusste, deckte sich im Wesentlichen mit Mommsens Panegyrik: »Wenn einer, so darf Caesar als Meister der Politik bezeichnet werden. Er war ebenso groß im Erfassen der allgemeinen politischen Tendenzen wie im Leiten derselben. Mit wunderbarer Virtuosität handhabe er den Mechanismus der politischen Kleinarbeit, ohne jemals das große Ziel, entscheidende Macht zu gewinnen, preiszugeben.« Zu Ende seines Lebens hin habe er sich jedoch aus dem Bann der gemeindestaatlichen Vorstellungen befreit und das Konzept des monarchisch regierten Reichsstaates entwickelt: »Mitten aus eben erst begonnener Herrschertätigkeit rafften ihn Mörderhände hinweg.«

Die Zeit nach 1945 markiert einen Bruch. Nach der Erfahrung zweier Weltkriege und dem Erleben und Erleiden totalitärer Systeme begegnete man »großen Männern« und Alleinherrschern mit unverhohlenem Misstrauen. Auch in der Geschichtswissenschaft machte sich eine gewisse Ernüchterung breit. Man sah die großen Gestalten der Antike distanzierter – zu Helden taugten sie kaum noch. Acht Jahre nach dem Ende der Hitler-Diktatur veröffentlichte Hermann Strasburger (1909–1985) in der »Historischen Zeitschrift« einen Aufsatz mit dem Titel »Caesar im Urteil seiner Zeitgenossen«. Der Althistoriker, der als Wehrmachtssoldat selbst »bei den Spänen war, als Männer, die Geschichte machten, hobelten«, stellt in dieser Studie der modernen Bewunderung Caesars die eher ungünstigen Zeugnisse seiner Umwelt gegenüber. Und er kommt zu dem Schluss, dass die Antike in dem Diktator zwar den genialen Feldherrn und Schriftsteller bewunderte, ihn als Staatsmann aber abgelehnt habe. Weder sei die grausame Eroberung Galliens lobenswert noch seine Monarchie die einzig denkbare Lösung der Krise gewesen. Von Anfang an habe Caesar ein politisches Konzept vermissen lassen. Alles, was Strasburger bei ihm fand, war die »Verneinung der bestehenden Regierungsform«. »Mit Arglist und Gewalttat, mit fürchterlichem Hohn und hemmungsloser Verleumdung« habe der römische Imperator die Häupter der Aristokratie befehdet. Sein Entschluss zum Bürgerkrieg sei selbst von Anhängern und Männern seines Vertrauens missbilligt worden. »Caesar stand für die Zeitgenossen ... als Staatsoberhaupt außer Betracht.«

Der Münchner Althistoriker Christian Meier leitete 1982 mit seiner umfangreichen Caesar-Biografie eine neue Etappe in der Diskussion ein. Er versuchte die Handlungen und Leistungen des Römers im Kontext der Bedingungen und Möglichkeiten seiner Zeit zu sehen und zu bewerten. Die Repräsentanten der alten republikanischen Ordnung seien so in den überkommenen Strukturen verhaftet gewesen, dass sie dem Auflösungsprozess, in dem sich die Verfassung befand, nichts entgegenzusetzen hatten. Ihre Gesellschaft, mit der sie sich identifizierten, galt ihnen als die einzig legitime, an der sie verzweifelt festhielten; sie steckten tief in einer »Krise ohne Alternative«. Doch auch der Außenseiter Caesar gewann Macht nur in den Verhältnissen und nicht über sie, seine Allmacht war gepaart mit Ohnmacht. Er lebte in einer Welt für sich, unter seinen Legionären, in seinen Provinzen, im Bewusstsein seiner ungeheuren Fähigkeiten und Leistungen. Da seine partikulare Wirklichkeit und die Ansprüche, die er als erfolgreicher Feldherr stellte, mit der traditionellen Staatsform nicht mehr in Einklang zu bringen waren, sah er durch Roms Institutionen und die res publica hindurch, nahm nur mehr seine Gegner wahr. Beim Schritt über den Rubikon verfolgte er keine übergeordneten Ziele, sondern nur seine eigenen Interessen. Am Schluss stand der Unstaat Caesars, die Militärmonarchie. Diesen Faden griff der Berliner Althistoriker Werner Dahlheim in seinem 1987 erschienenen Werk »Julius Caesar. Die Ehre des Kriegers und der Untergang der römischen Republik« auf. Hatte Meier seinen Protagonisten im Stillen noch heroisiert, riss ihm Dahlheim den Tarnmantel herunter. Caesar wurde zu einem Mann, der allein in Feldlagern, Gewaltmärschen und blutigen Schlachten seine Selbsterfüllung fand. Unbekümmert um Recht und Gerechtigkeit, zerstörte der ruhm- und ehrsüchtige Aristokrat die marode gewordene Republik, weil sie ihm die Anerkennung verweigerte. Dabei zeigte er sich ganz und gar nicht ohnmächtig, sondern errichtete auf den Trümmern der alten Ordnung ganz bewusst ein sakral legitimiertes Königtum.

Die konstruktivste Kritik an Christian Meiers Porträt eines konzeptionslosen Außenseiters lieferte Martin Jehne in seiner Dissertation »Der Staat des Diktators Caesar«. Mit einer gründlichen Überprüfung aller überlieferten Fakten rekonstruierte er die institutionelle und soziopolitische Stellung des Juliers zum Zeitpunkt der Verschwörung im Jahre 44 und kam dabei zu dem Schluss, dass Caesar durchaus eine tragfähige Alternative zum überkommenen System entwickelt hatte: »Caesar hatte seine Alleinherrschaft durchaus rational und umsichtig in den Institutionen verankert. Er besaß die Vollmachten, die er zur Leitung und Kontrolle des Staatswesens benötigte. Damit korrespondierte, dass er den Wirkungsraum des Senats und der Magistrate beschnitt, was für die Betroffenen natürlich schmerzlich, zur Aufrichtung seiner Herrschaft aber unverzichtbar war. Caesars soziopolitische Stellung war überragend: Er hatte den verschiedensten Schichten, Gruppen und Einzelpersonen zahlreiche *beneficia* erwiesen; in Rom, in Italien, im ganzen Reich war man Caesar in einem noch nie da gewesenen Umfang verpflichtet. Auch Caesars Ehrungen, die ihn in die Sphäre der Götter (ent)rückten, hatten ihre Funktion: Caesar trug mit dieser Überhöhung seiner Person wohl den Erwartungen Rechnung, die dem Beherrscher der Welt vor allem aus den Unterschichten, außerhalb Italiens aber teilweise auch aus den Oberschichten entgegengebracht wurden. Caesars Staat war also im Jahre 44 eine Monarchie, die weder im institutionellen Bereich noch in Bezug auf die soziopolitische Stellung des Herrschers nennenswerte Lücken aufwies.« Was jetzt noch fehlte, war »Zustimmung in der alten Führungsclique«. Um diese zu gewinnen, spielte Caesar auf Zeit. Sein Plan, in den Partherkrieg zu ziehen, sei deshalb keine Flucht vor innenpolitischen Problemen gewesen, sondern sollte Rom die Möglichkeit geben, ihn als Garanten der Ordnung schätzen zu lernen. Auch Augustus

Julius Caesar in Oper, Literatur und Film

Im Bereich der Oper das bedeutendste Werk zum Thema auszumachen, fällt nicht schwer: Georg Friedrich Händels »Giulio Cesare in Egitto« (dt. »Julius Cäsar in Ägypten«), uraufgeführt 1724 in London. Die Handlung dreht sich um die Verfolgung des Pompeius durch Caesar bis nach Ägypten und die sich daraus ergebenden Konflikte. Im Mittelpunkt steht Kleopatra in ihrer wechselnden Befindlichkeit. Einige Opernkomponisten haben sich Kleopatras im Speziellen angenommen – erwähnenswert ist Carl Heinrich Grauns Oper »Cleopatra e Cesare«, die 1742 im Berliner Opernhaus unter den Linden zu dessen Eröffnung uraufgeführt wurde.

Weltliteratur ist Shakespeares Tragödie »The Life and Death of Julius Caesar« (dt. »Julius Cäsar«), dessen Uraufführung um 1600 in London stattgefunden hat. Das Stück spielt zwischen 44 und 41 v. Chr. und fokussiert auf die Ermordung Caesars und die Person des Brutus, der erkennt, dass er – der weltfremde Idealist – von den Verschwörern zugunsten eigener Interessen ausgenutzt wurde. Die Handlung führt bis zu Brutus' Selbstmord.

Aus jüngerer Zeit sei George Bernard Shaws Historie »Cäsar und Cleopatra« erwähnt, uraufgeführt 1899. Die Handlung spielt in den Jahren 48/47 v. Chr. und hat die Auseinandersetzungen zwischen den Parteien Kleopatras und des Ptolemäus zum Gegenstand, in die Caesar entscheidend eingreift.

Die Belletristik wartet mit einem breiten Spektrum an Werken vom seichten Roman bis zur literarischen Auseinandersetzung auf. »The Ides of March« (1948, dt. »Die Iden des März«) von Thornton Wilder behandelt in Form einer fiktiven Quellensammlung Charakter und Wirken Caesars aus verschiedenen Blickwinkeln. Von Bertolt Brecht gibt es ein wenig bekanntes Romanfragment mit dem Titel »Die Geschäfte des Herrn Julius Caesar«, das 1957 veröffentlicht wurde. Darin behandelt er recht frei die politischen Intrigen der Zeit am Beispiel der Catilina-Affäre. Und Walter Jens befasst sich im Fernsehspiel »Die Verschwörung« von 1966 mit dem alten Caesar, der die Verschwörung, der er zum Opfer fallen wird, selbst inszeniert, da er seine Lage für aussichtslos hält.

Die australische Bestseller-Autorin Colleen McCullough – bekannt durch ihre verfilmten »Dornenvögel« – schildert in ihrer Roman-Serie »Masters of Rome« den Untergang der Republik in dickleibigen Bänden, die den historischen Zeitraum von 110 v. Chr. (Aufstieg des Marius) bis 17 v. Chr. abdecken.

Schließlich haben sich auch Film und Fernsehen Caesars bemächtigt – ohne Kleopatra ging es dabei aber selten ab. Im Zeitalter der Monumentalfilme und des frühen Tonfilms setzte Cecil B. DeMille mit seiner »Cleopatra« von 1934 den ersten Akzent. Der britische Film legte mit »Caesar und Cleopatra« 1946 nach – das Drehbuch griff auf George Bernard Shaw zurück. Der Amerikaner Joseph L. Mankiewicz behandelte das Thema zweimal: 1953 in »Julius Caesar« mit Marlon Brando in der Hauptrolle und 1963 in »Cleopatra« mit Elizabeth Taylor und Richard Burton.

Nicht unerwähnt bleiben soll die internationale Produktion »Julius Caesar« unter deutscher Beteiligung, die 2002 das Leben des Protagonisten unter Regie von Uli Edel einmal mehr ausbreitete. Mit großem Erfolg lief die Fernsehserie »Rom«, die von HBO, BBC und RAI produziert wurde und in 22 Episoden, aufgeteilt auf zwei Staffeln, das Ende der römischen Republik sowie die Entstehung des Prinzipats schildert. Aus dem Blickwinkel der zwei Legionäre Lucius Vorenus und Titus Pollio, die in Caesars Kommentar zum Gallischen Krieg erwähnt werden, entfaltet sich das Drama, das nach Ansicht vieler Kritiker sehr realitätsnah inszeniert wurde.

Und auch die Computerspiel-Branche ließ sich von Caesar inspirieren. Entwickelt von der Firma Sierra Entertainment, geht es in diesen Strategiespielen um den Aufbau einer römischen Stadt. Wer geschickt agiert, kann es über die Ämterlaufbahn bis zum Imperator bringen.

sei nach dem Jahr 27 länger im Ausland gewesen, um seine Unverzichtbarkeit in der Heimat zu demonstrieren. Caesars Hoffnung auf Resignation, Gewöhnung und Anpassung erfüllte sich nicht – das Attentat setzte einen jähen Schlussstrich. Nach den Kriterien der damaligen Zeit, so Martin Jehne in einer kleinen Caesar-Biografie von 1997, sei der Anschlag auf den Diktator eine edle Handlung gewesen, weil Alleinherrschaft als Verbrechen galt. »Sieht man aber auf die längerfristigen Folgen, so steht Caesar mit seiner Monarchie, die die Grundlagen legte für die Kaiserherrschaft, sehr viel besser da als die Caesarmörder mit ihrem Traum von der alten Republik, der keine Realisierungschancen besaß und der römischen Welt nur ein sonst vielleicht vermeidbares Jahrzehnt von besonders brutalen Bürgerkriegen bescherte.« In der Ehrengalerie der Weltgeschichte finde Caesar deshalb seinen Platz nicht als strahlender Held, sondern als schillernde Figur. Noch nüchterner als Jehne und Dahlheim betrachtet Wolfgang Will, der zwei Caesar-Biografien veröffentlichte (1992/2009), den Diktator. Er sieht in ihm mit dem Dichter Georg Büchner (1813–1837) nichts weiter als einen »glücklichen Catilina«, der Tod und Verwüstung auf drei Kontinenten hinterließ. »Tatsache scheint, dass ein Programm Caesars über das Ende der Republik hinaus nicht erkennbar ist. Er starb mit der Republik, deren Untergang er besiegelt hatte.«

+++ Was wäre geschehen, wenn Caesar alt geworden wäre? +++

»Die Iden des März erfreuen mich nicht«, klagte Cicero schon am 24. Mai 44 in einem Brief an seinen Freund Atticus. Und er fügte an: »ER wäre doch nie zurückgekehrt!« Der alte Konsular spielte dabei auf zweierlei an: auf den geplanten Partherfeldzug Caesars und die offenbar angegriffene Gesundheit des Imperators. Die Republik hätte sich viel Leid erspart, wäre der Diktator nicht ermordet worden, sondern irgendwo in der Ferne an den Strapazen eines neuen Krieges gestorben. Meinte Cicero. Wie aber hätte die Zukunft der Stadt und des Reiches ausgesehen, wenn Caesar wirklich ein hohes Alter vergönnt gewesen wäre?

Die Sicherung der Ostgrenze wäre das gigantischste Unternehmen in der Geschichte Roms geworden. Monatelang schon lief die Mobilmachung, die Logistik war aufs Detaillierteste ausgetüftelt, die Truppen in den Provinzen hatten bereits ihre Marschbefehle. Sechzehn Legionen mit 10 000 Reitern warteten auf ihren Einsatz, unterstützt von Hilfstruppen aus Spaniern, Mauretaniern und Ituräern. Berittene armenische Bogenschützen sollten hinzustoßen. Außerdem gehörten afrikanische Elefanten zu den Angriffseinheiten.

Wäre der Diktator am 18. März 44 aufgebrochen, hätte ihn sein Weg zunächst zu den sechs in Makedonien und Griechenland stationierten Legionen geführt. Mit ihnen wollte er den Daker-König Burebista niederwerfen, der sich gerade anschickte, sein Nordreich über die Donau in die südlichen Gebiete von Pontus und Thrakien auszudehnen (Suet. Caes. 44). Ohne Zweifel hätte Caesar ihn zurückgedrängt. Im Anschluss daran wäre er über Kleinarmenien ins Zweistromland marschiert, um den Parther-König Orodes und dessen Sohn Pakoros in die Schranken zu weisen und die Euphrat-Grenze zu sichern. Plutarch berichtet weiter, Caesar habe nach seinem Sieg die Absicht gehabt, »durch Hyrkanien am Kaspischen Meer und dem Kaukasus hin um das Schwarze Meer herumzuziehen und ins Gebiet der Skythen einzufallen, dann die Nachbarländer der Germanen und diese selbst zu bezwingen und schließlich durch Gallien nach Italien zurückzukehren, um auf diese Weise den Kreis zu schließen und überall den Ozean zur Reichsgrenze zu machen« (Plut. Caes. 58). Nikolaos von Damaskus fabuliert gar, der Diktator habe bis Indien vorstoßen wollen (Nic. Dam. XXVI, 95).

Inwieweit diese Angaben Caesars tatsächliche Absichten spiegeln oder nur spätere Projektionen einer angeblichen Imitation Alexanders des Großen sind, lässt sich schwerlich ermitteln. Die Frist von drei Jahren, die der Imperator für das Abenteuer ins Auge fasste, erscheint jedenfalls als zu kurz. Angenommen, er hätte seine Pläne tatsächlich in die Tat umgesetzt – jede Opposition in der Heimat wäre angesichts solcher Erfolge zum Schweigen verurteilt gewesen. Es ist nicht unwahrscheinlich, dass Caesar mit seiner eisernen Konstitution und seinem unbedingten Willen zur

Macht, anders als von Cicero erhofft, alle physischen und psychischen Härten dieser ausgedehnten Militäraktion unbeschadet überstanden hätte. Im Gegensatz zu seinem Adoptivsohn Octavian, der stets kränkelte, weder Hitze noch Kälte ohne Beschwerden ertrug (Suet. Aug. 82) und seine Schlachten am liebsten von anderen schlagen ließ, während er unpässlich daniederlag. Einen Princeps Augustus hätte es also vermutlich nie gegeben! Caesar hätte stattdessen sein Testament noch einmal ändern müssen – und vielleicht wären ja dann Männer wie Marcus Antonius, Decimus Brutus, Marcus Brutus oder Marcus Agrippa zuvorderst berücksichtigt worden.

Auch sonst bereitete Caesar gewaltige Projekte vor, die bei einem längeren Leben vermutlich wenigstens zum Teil verwirklicht worden wären. In Rom wollte er den Tiber kanalisieren, in einer Schleife zum Vorgebirge von Circei leiten und bei Tarracina ins Meer münden lassen, um den Kaufleuten einen sicheren und mühelosen Seeweg in die Stadt zu eröffnen. Die Pontinischen Sümpfe sollten trockengelegt und der Fuciner See sollte abgelassen werden, um Ackerboden für Zehntausende von Bürgern zu gewinnen. Das Meer gedachte er durch Dämme zu zähmen, die Untiefen an der Küste von Ostia wollte er beseitigen, um Häfen und Ankerplätze zu schaffen, die den zunehmenden Schiffshandel bewältigen konnten. Darüber hinaus entwarf er Pläne für einen überdimensionierten Marstempel und für das größte Theater der Welt. Was das Zivilrecht betraf, nahm er sich vor, die ausufernde Vielfalt von Gesetzen und Rechtssprüchen auf das Notwendigste zu reduzieren und in einigen wenigen Büchern zusammenzufassen. Der Universalgelehrte Marcus Terentius Varro hatte bereits den Auftrag erhalten, möglichst die gesamte griechische und lateinische Literatur zusammenzutragen und in Bibliotheken dem Volk zugänglich zu machen. Dass er auch beabsichtigte, den Isthmus von Korinth zu durchstechen, sei nur der Vollständigkeit halber erwähnt.

Etliche dieser hochfliegenden Vorhaben, die uns Plutarch und Sueton überliefern, wurden später tatsächlich realisiert. Sie beweisen jedoch klar, dass Caesar durch und durch ein Römer war, der seine Heimatstadt und Italien als den Mittelpunkt der Oikumene, der bewohnten Welt, betrachtete. Sein neues Forum sollte das Zentrum des Reiches sein. Niemals hätte er, wie das Gerücht ihm nachsagte, seinen Regierungssitz nach Alexandria oder Troja verlegt.

In seiner Abwesenheit hätten willfährige Konsuln die Stadt regiert, gelenkt und geleitet von den grauen Eminenzen in Caesars Staatskanzlei: Cornelius Balbus, Gaius Oppius und Gaius Matius. Sein daheimgebliebener General Marcus Antonius hätte nach dem Konsulat wahrscheinlich die Provinz Makedonien übernommen, um von dort aus die immer noch unruhige Provinz Illyricum zu befrieden und die von Caesar geschlagenen Daker endgültig in die Knie zu zwingen. Aulus Hirtius und Gaius Vibius Pansa wäre vermutlich im Verein mit Spaniens Statthalter Lepidus die Aufgabe zugefallen, das westliche Mittelmeer von den Flottenverbänden des Sextus Pompeius zu säubern. Cicero, der in dem eingangs zitierten Brief auch bekundete, er hätte sich auf seine alten Tage mit einem Herrn namens Caesar vielleicht doch noch arrangieren können, wäre vermutlich für den Rest seiner Tage dem Senat ferngeblieben, um sich ganz philosophischen Fragen zu widmen. Republikanischem Widerstand hätte der Wortführer auf diese Weise gefehlt, Marcus Brutus sich ins Unvermeidliche gefügt. Bei seiner Rückkehr wäre Caesar etwas älter als sechzig gewesen. In mehreren prachtvollen Triumphzügen hätte er dem staunenden römischen Publikum den östlichen Prunk, das skythische Gold und Hunderte von gefangenen Königen, Fürsten und Kriegern präsentiert. Dankfeste und Spiele hätten das Programm ergänzt, Soldaten und Volk wären großzügig belohnt, die Veteranen in mehreren neuen überseeischen Kolonien angesiedelt worden. In Kleinasien, Syrien und Ägypten wären ein Dutzend Legionen stationiert worden, mit denen Caesars Statthalter die umliegenden Klientelfürsten in Schach gehalten und ein erneutes Aufflackern parthischer Machtbestrebungen sofort unterbunden hätten.

Vor diesem Hintergrund stellt sich die Frage, ob Caesar das Amt eines *dictator perpetuo* genügt oder ob er nun nicht vielleicht doch den Königstitel von Senat und Volk begehrt hätte? Alle übrigen Ehren, welche die Republik zu vergeben hatte, waren ihm ja schon zugesprochen worden. Hätte Caesar diesen letzten Schritt zur offenen Proklamation der Monarchie gewagt oder hätte er –

weniger aus Respekt vor einer überholten Tradition als aus Angst, neuen Unmut heraufzubeschwören – darauf verzichtet? Und welche Rolle wäre der Kleopatra zugefallen? Die ptolemäische Königin weilte ja seit Herbst 46 als »Freundin und Bundesgenossin des römischen Volkes« in Rom. Mitgebracht hatte sie ihren jüngeren Brudergemahl Ptolemaios XIV. und Caesars Sohn Kaisarion. Der Diktator wies ihr eine Villa in seinen Gärten jenseits des Tiber zu, kaum eine Viertelstunde Fußweg entfernt von der Wohnung, in der er mit seiner rechtmäßig angetrauten Frau Calpurnia lebte. Ein Skandal, wie die meisten Stadtrömer fanden. Erst recht, als Caesar die Grenzen des guten Geschmacks vollends überschritt, indem er im Tempel seiner Stammmutter Venus Genetrix eine goldene Statue Kleopatras direkt neben dem Kultbild der Göttin platzierte. Damit hatte er seine ägyptische Mätresse nicht nur in direkte Verbindung zu seiner Familie, sondern auch zum Gründungsmythos Roms gebracht. Wollte der Julier, wie der Volkstribun Helvius Cinna bezeugte, wirklich ein Gesetz einbringen, das ihm die Polygamie gestattete? Selbst wenn dies ein böses Gerücht gewesen sein sollte: Caesar konnte Calpurnia jederzeit den Scheidungsbrief schicken, da ihre Ehe bis dato kinderlos geblieben war. Eine Heirat mit Kleopatra würde ein römisch-hellenistisches Großreich mit dynastischer Erbfolge begründen, wie es die Geschichte noch nie gesehen hatte. Einzig der Brudergemahl Ptolemaios XIV. stünde dem im Wege. Doch der wurde ohnehin nicht alt. So ist die Vorstellung reizvoll, Caesar und Kleopatra gemeinsam in Rom regieren und Kaisarion später als Sachwalter römischer Interessen in Alexandria residieren zu sehen. Europas Entwicklung wäre gewiss anders verlaufen.

Anhang

Zeittafel – von der Republik bis zum julisch-claudischen Kaiserhaus

509 v. Chr. (?)	Sturz des etruskischen Königtums, Begründung der Adelsrepublik
ca. 450	Zwölftafelgesetz, eine Rechtskodifikation
396	Eroberung des etruskischen Veji – erste Machtausweitung in Mittelitalien
387	Einfall der Kelten/Gallier in Rom unter Brennus
ab Mitte 4. Jh.	Samnitenkriege (343–41, 326–04, 298–90) um die Vormacht in Mittelitalien
367/66	Plebs erhält Zugang zum Konsulat
300	Plebs erhält Zugang zu den Priesterämtern
287	Beschlüsse der Plebs erhalten allgemeine Gesetzeskraft
275	Sieg über den Molosserkönig Pyrrhos I. bei Benevent; Unterwerfung des griechischen Tarent
264–41	1. Punischer Krieg: Konflikt zwischen Karthago und dem expandierenden Rom um die Vorherrschaft im westlichen Mittelmeer
218–01	2. Punischer Krieg. 218: Hannibal überquert die Alpen, 217: schwere Niederlage Roms in der Schlacht von Cannae, 211: Hannibal »ante portas« (vor Rom)
um 200	Makedonische Kriege (215–05, 200–197, 172/71–68): Verdrängung der makedonischen Macht aus Griechenland (197 Siege über Philipp V., 168 Sieg über Perseus bei Pydna)
191	Provinz Gallia Cisalpina – »Gallien diesseits der Alpen« (Oberitalien)

180	»Lex Villia annalis« – gesetzliche Bestimmungen über den Cursus honorum, die Ämterlaufbahn im antiken Rom
149–146	3. Punischer Krieg. 146: völlige Zerstörung Karthagos, Gründung der Provinz Africa
148	Römische Provinz Macedonia
146	Auflösung des Achaiischen Bundes, Zerstörung von Korinth – Griechenland Rom untertan, zunächst als Annex der Provinz Macedonia
133	Fall des Reiches von Pergamon – Provinz Asia Unterwerfung Hispaniens: Einnahme der Festung Numantia Tiberius Sempronius Gracchus Volkstribun (ermordet): Reformversuche – Auseinandersetzungen zwischen Optimaten und Popularen
123–21	Gaius Sempronius Gracchus Volkstribun (121 ermordet) – Beginn des Zeitalters der römischen Revolution
121	Eroberung Südgalliens (Südfrankreich), Einrichtung der Provinz Gallia Narbonensis
104–100	Gaius Marius Konsul: ersetzt das bäuerliche Milizheer durch Berufssoldaten, verspricht diesen Abfindung durch Landbesitz
91–89	Bundesgenossenkrieg – italische Bundesgenossen Roms erzwingen Aufnahme ins römische Bürgerrecht
88	König Mithridates von Pontus besetzt Kleinasien und Griechenland, 85 zum Friedensschluss gezwungen
82–79	Diktatur Sullas
67–62	Gnaeus Pompeius erhält umfassendes Sonderkommando gegen Seeräuber und Mithridates VI.
63	Verschwörung des Catilina (gefallen 62) durch Cicero aufgedeckt
60	Erstes Triumvirat (Dreibund): Pompeius, Marcus Licinius Crassus und Gaius Julius Caesar
59	Caesar Konsul

58–51	Caesar unterwirft als Prokonsul ganz Gallien
49	Caesar überschreitet am 10. Januar den Rubikon: Beginn des Bürgerkriegs – besiegt Pompeius 48 bei Pharsalos Pompeius flieht nach Ägypten, wohin ihm Caesar folgt, und wird dort ermordet. Caesar greift zugunsten Kleopatras in den Thronstreit ein.
48	2. Konsulat Caesars
46	Caesar Diktator auf zehn Jahre: beginnt Neuordnung des Staates, gesetzgeberische Tätigkeit, Einführung des julianischen Kalenders
45	Ende des Bürgerkriegs
44	Caesar Diktator auf Lebenszeit Caesar wird am 15. März ermordet. Octavian (Großneffe Caesars) und Marcus Antonius erheben Anspruch auf die Nachfolge.
43	Octavian marschiert nach Rom und erzwingt für sich das Konsulat. Zweites Triumvirat: Octavian, Antonius und Marcus Aemilius Lepidus Proskriptionen fallen mehr als 2000 Bürger zum Opfer, darunter Cicero
42	Antonius und Octavian besiegen die Caesarmörder Brutus und Longinus und teilen das Reich auf
36	Ausschaltung des Lepidus
31	Octavian besiegt Antonius und Kleopatra bei Actium
30	Ägypten nach dem Tod von Antonius und Kleopatra römische Provinz Octavian Alleinherrscher
28/27	Octavian wird »princeps« (erster Bürger) – Beginn des Prinzipats Octavian erhält den Ehrennamen Augustus
27 v. Chr. bis 68. n. Chr.	Kaisertum der julisch-claudischen Dynastie

Quellen und Literatur

Quellen

Appian von Alexandria, Römische Geschichte, Teil 2: Die Bürgerkriege (übers. Otto Veh), Stuttgart 1989

Augustus, Tatenbericht (übers. Marion Giebel), Stuttgart 1980

Caesar, Der Gallische Krieg (übers. Marieluise Deissmann), Stuttgart 1992

Ders., Der Bürgerkrieg (übers. Marieluise Deissmann-Merten), Stuttgart 1983

Ders., Kriege in Alexandrien, Afrika und Spanien (übers. Anton Baumstark, überarbeitet von Carolin Jahn), Darmstadt 2004

Cassius Dio, Römische Geschichte (übers. Otto Veh), Düsseldorf 2007

Cicero, Atticus-Briefe (übers. Helmut Kasten), Düsseldorf/Zürich [5]1998

Ders., An seine Freunde (übers. Helmut Kasten), Düsseldorf/Zürich [6]2004

Ders., Philippische Reden gegen M. Antonius (übers. Marion Giebel), Stuttgart 1983

Ders., Drei Reden vor Caesar (übers. Marion Giebel), Stuttgart 1980

Nikolaos von Damaskus, Leben des Kaisers Augustus (übers. Jürgen Malitz), Darmstadt [2]2006

Plutarch, Große Griechen und Römer (übers. Konrat Ziegler), München 1980

Sallust, Die Verschwörung des Catilina (übers. Karl Büchner), Stuttgart 1987

Sueton, Leben der Caesaren (übers. André Lambert), München [3]1980

Tacitus, Annalen (übers. Erich Heller), Düsseldorf/Zürich 2005

Velleius Paterculus, Römische Geschichte (übers. Marion Giebel), Stuttgart 1989

Literatur

Baltrusch, Ernst, Caesar – Neue Wege der Forschung, Darmstadt 2007

Ders., Caesar und Pompeius, Darmstadt [2]2008

Bleicken, Jochen, Augustus. Eine Biographie, Berlin [2]1998

Ders., Die Verfassung der Römischen Republik, Paderborn [4]1985

Ders., Geschichte der Römischen Republik, München 2004

Bringmann, Klaus, Augustus, Darmstadt 2007

Ders., Krise und Ende der Römischen Republik, Berlin 2003

Canfora, Luciano, Caesar. Der demokratische Diktator, München 2001

Christ, Karl, Caesar. Annäherungen an einen Diktator, München 1994

Ders., Krise und Untergang der Römischen Republik, Darmstadt [2]1984

Clauss, Manfred, Kleopatra,
München [3]2002

Dahlheim, Werner, Julius Caesar.
Die Ehre des Kriegers und der
Untergang der Römischen
Republik, München 1987

Eck, Werner, Augustus und seine
Zeit, München [5]2009

Elbern, Stephan, Caesar. Staatsmann, Feldherr, Schriftsteller,
Mainz 2008

Fuhrmann, Manfred, Cicero und
die Römische Republik,
Düsseldorf [3]2007

Gelzer, Matthias, Caesar. Der
Politiker und Staatsmann,
Stuttgart 2008

Gesche, Helga, Caesar, Erträge der
Forschung, Darmstadt 1976

Gotter, Ulrich, Der Diktator ist
tot!, Stuttgart 1997

Hölkeskamp, Karl-Joachim
(Hrsg.), Eine politische Kultur
(in) der Krise?, München 2009

Horst, Eberhard, Caesar. Eine
Biografie, Düsseldorf 1980

Jehne, Martin, Der Staat des
Dictators Caesar, Köln 1987

Ders., Caesar, München [4]2008

Ders., Der große Trend, der kleine
Sachzwang und das handelnde
Individuum. Caesars Entschei-
dungen, München 2009

Ders., Die Ermordung des
Dictators Caesar und das Ende
der Römischen Republik, in:
Große Verschwörungen, hrsg.
von Uwe Schultz, München
1998

Linke, Bernhard, Die römische
Republik von den Gracchen bis
Sulla, Darmstadt 2005

Matyszak, Philip, Geschichte der
römischen Republik. Von
Romulus bis Augustus,
Stuttgart 2004

Meier, Christian, Caesar, Berlin
[2]1982

Ders., Res publica amissa,
Frankfurt am Main, 1997

Ders., Die Ohnmacht des
allmächtigen Dictators Caesar,
Frankfurt am Main 1980

Schlange-Schöningen, Heinrich,
Augustus, Darmstadt 2005

Stroh, Wilfried, Cicero. Redner,
Staatsmann, Philosoph,
München 2008

Schäfer, Christoph, Kleopatra,
Darmstadt 2006

Will, Wolfgang, Julius Caesar. Eine
Bilanz, Stuttgart 1992

Ders., Caesar, Darmstadt 2009

Ders., Veni, vidi, vici. Caesar und
die Kunst der Selbstdarstellung, Darmstadt 2008

Register